JN076275

国語問題と
日本語文法研究史

仁田義雄

ひつじ書房

三人の孫

結惺・彩結・晴に

目　次

第1部　言語・国語問題をめぐって

第1章

言語的不平等と言語的抑圧

【1】 1966年12月16日の第21回国連総会で採択された『国際人権規約』は、「経済的、社会的及び文化的権利に関する国際規約」と「市民的及び政治的権利に関する国際規約」とから成っており、その「市民的及び政治的権利に関する国際規約」の中(第3部第27条)で、〈少数民族の権利〉について、

> 種族的、宗教的又は言語的少数民族が存在する国において、当該少数民族に属する者は、その集団の他の構成員とともに自己の文化を享有し、自己の宗教を信仰しかつ実践し又は自己の言語を使用する権利を否定されない。
> 　　(引用は『三省堂新六法』(1984)による。下線、筆者。以下同様)

とうたっている。さらに言えば、1945年6月26日に作成された『国際連合憲章』の中に、既に、

> 経済的、社会的、文化的又は人道的性質を有する国際問題を

解決することについて、並びに人種、性、<u>言語</u>又は宗教による差別なくすべての者のために人権および基本的自由を尊重するよう助成奨励することについて、国際協力を達成すること。［第1章第1条3］

といったことが、国際連合結成の目的の一つとして、掲げられている。

　これは、言語が、人種や性や宗教などとともに、抑圧や差別の重大な手段・要因になる、といったことへの認識、および、言語の行使が、思想や信教の自由などとともに、基本的人権の一つである、といったことへの認識が、広く世界的規模で存在していたことを物語っている。そして、これらの憲章や規約は、正当にも、言語による差別を否定し、自らの言語を使用する権利を認めている。しかし、憲章や人権規約の中に、言語による差別や自己の言語の使用が掲げられているということは、裏を返して言えば、人類がこの時までに、いかに多くの言語による差別や言語使用に対する不当な抑圧を経験したかを示している。人権宣言で名高いフランス革命においてすら、言語抑圧が生じている[1]。また、宣言し明文化して、その達成を努力目標として掲げる、ということは、あいかわらず、言語による差別が生じており、自己の言語を使用するといった基本的人権がなかなか実現され難いものであることを物語っている。

　ところで、『国際連合憲章』や『国際人権規約』は、言語による差別を否定し、自己の言語——国(家)語ではなく、母語そのもの——の使用を保証しておきながら、一方では、

この規約は、中国語、英語、フランス語、ロシア語及びスペイン語の本文をひとしく正文とし、国際連合に寄託される。
　　[『国際人権規約』「経済的、社会的及び文化的権利に関する国際規約」第 31 条]

と、規約の記載言語を制限している。『国際連合憲章』にあっても、本文の正式記載言語として、同様のことが述べられている(第111 条)。これでは自己矛盾になってしまう。これは、国際連合での公用語が、英語・フランス語・中国語・ロシア語・スペイン語の五つ(現在ではアラビヤ語を含め六つ)に限られている、といったことによっている。ここには、理想(たてまえ)と現実(本音)とのギャップが鋭く露呈している。これは、国際連合結成時に端を発する連合国大国主義の現れである。これでは、国際連合そのものが、公用語という形で言語抑圧を行うことになってしまう。

　総ての言語―母語―の使用の権利を、正当にも認め掲げるならば、国際連合は公用語を限るべきではない。莫大な費用と労力がかかり、現実には極めて困難であるにしても、国際連合は、可能な限り、加盟している国と地域に生きる人々の母語の使用を保証すべきであろう。EU とは規模が異なり、現実には実現が不可能であるにしても、基本的人権の一つとして母語使用の権利を掲げる国際連合は、精神において、総ての母語を通用語として等しく扱うべきであり、等しく扱う努力をするべきである。

　日本(国)の言語主権が確立されるためにも、国際連合の公用語に日本語が加えられるべきだ、という考え・立場がある。私は、総ての母語は等しく扱われるべきだ、という姿勢に立つことに

よって、以下に上げる理由からも、この考え・立場に与しない。日本語を公用語に加えるべきだ、という立場は、公用語の制限をそのままにしておいて、それへの参入を計るといったものに過ぎない。言語的大国主義を出ていない。また、言語の使用は、国家の主権の一つとして存在する場合があるにしても、より基本的には母語として人間の基本的な存在権に属する。国(家)語と母語が異なる時、人は母語によって自らの考えや状況を訴えることができるべきである。抑圧された状況に置かれている人々が、それを訴える言語においても抑圧される、ということがあってはならない。

　国際連合が精神においては母語主義を取ったとしても、弱小言語の話し手そのものが、自ら進んであるいはしぶしぶながら、大言語(使用人口が多くて、経済力の強い言語)のいくつかを使って、自らの考えや状況を訴える、ということが、現実には続くだろう。伝わり通じなければ、自らの考えや状況を訴えたことにはならないのだから。我々は、弱小言語の話し手が自己規制を行うことがなるたけないような環境作りに努めるべきだろう。使用人口も少なく、経済力も弱いのが弱小言語であり、外国語をそれなりに物にするということは、かなりの時間と費用がかかることなのだから、また、大言語は、自らの言語を輸出品として儲けているのであれば、大言語を使用する国々が、弱小言語の通訳を用意すべきであろう。その場合、弱小言語からの翻訳先となる対象言語は、自然言語でないことが望ましい。翻訳先がある国の国(家)語となっている自然言語であれば、必然的にその言語に多大な優位性・特権が付与されてしまう。それでは、言語間での不平等がなくならない。使用される様々な母語からの翻訳対象言語は、人

工的な国際補助語（機械的な言語であってもかまわない）が望ましい。手間でありコストがかかり、したがって非経済的であるにしても、一度作業用の人工的な国際補助語に直されたものが、再度それぞれの母語に翻訳されるというシステムを取る方が、言語間の不平等を解消するのに望ましい。また、そのことによって、総ての母語を等しく使用するといったことの内実が高められもしよう。

【2】　ある外国語を教え学ぶということは、そもそも既に政治的であり、底に功利的な配慮が働いている。日本のように、外国語教育と称しながら、ほとんど英語が独占的に教えられ学ばれている状況にあっては、なおさらのことであろう。国家が、明確な目的なしに、単なる趣味や思いつきで、ある外国語を中等教育の中で時間と費用とをかけてほぼ独占的に教え学ばせる、ということを行うわけがない。言わずもがなのことではあるが、中等教育での外国語教育には、国策が深く関与している。つまり、日本という国家は、国民が英語を習得しておくことが、他の外国語を取得することより、外交的にも経済的にも文化的にも、得策であると考えているのである。外国語教育は、国家の基本的な外交方位に密接に結びついている。

　既に指摘されはじめていることではあるが、義務教育の段階でほぼ強制的にある一つの外国語を独占的に教育する、ということは、その言語の特権・優位性をさらに押し上げ、言語間の不平等を拡大し、言語抑圧を強化することに、つながっていく。国民をして、その言語（のみ）に目を向かせることになる。したがって、日本で英語がほぼ独占的に教えられ学ばれることで、日本におけ

る、英語の優位性がさらに押し上げられ、言語間の不平等がさらに拡大することになる。その結果、日本人の中に、英語圏に代表される欧米をむやみに有り難がり、アジア・アフリカなどを軽視する、という傾向性が生じ強まってくる。英語ができる人間を、すごいと思ったり優れているとして扱ったりするのに対して、たとえば、コイサン語族の言語ができる人間に対して、珍しがったり変わり者とさえ見る、我々の多くが示す素朴な傾向が立ち現れてくる。そして、そのような態度に何ら疑問を感じない、ということが起こってくる。

　日本で英語がほぼ独占的に外国語として教え学ばれる、ということは、日本で英語の優位性を上昇させるだけでなく、さらに悪いことに、日本の経済力が上昇し、日本の動向が他国にそれなりに影響を与えるようになったことと連動して、世界的規模で言語間の不平等を拡大し、言語抑圧を進めることの一因になるということである。我々には、その辺りへの配慮があまりにもなさ過ぎるのではないだろうか。

　国家が経済効率の高い言語を外国語として教育するのは、国家といった存在からして、しかたがないことなのかもしれない。また、個人としても、時間と費用をかけるのなら、経済効率のよい言語をと考えるのも無理はない。しかし、そのことを認めるとしても、人間は、通例一つの母語をもって生長せざるをえないことからして、総ての人間の平等を理念としてでも掲げるならば、一つの外国語に独占的地位を与えない、ということをも含めて、様々な言語が、等しく提供され相対化され対等化されるような環境作りに、国も我々も努めるべきであろう。

【3】　外国語を教え学ぶことが既に政治的であったように、外国人に日本語を教えること（政治的中立をできるだけ保とうとする現在の日本語教育にあって）も、また政治的色彩を帯びてきてしまうことが少なくない。私自身、外国人留学生だけに教えているわけではないし（当然、日本人の学生の方が多い）、外国人留学生に日本語そのものを教えているわけではない。現代日本語文法を中核材料として、日本語学という個別言語学を教えているのである。また、彼らへの教育は、強制的なものではなく、彼らからの自主的な要求によるものである。しかし、そうは言っても、彼らが、日本語を研究する研究者になり、母国の大学で日本語を外国語として教える教師になることを考えれば、やはり、間接的に外国および外国人に日本語を輸出しているのである。また、日本人の英語学習が自主的なものでありながら、日本における英語の優位性という言語間不平等の拡大を招来したことからしても、私自身、彼らの国における言語間不平等の間接的な拡大者になってしまっていない、とは言い切れない。なるたけ、言語間不平等の拡大者や言語的抑圧者にならないように、また、そういった人間たちに手を貸さないためにも、私自身、まずもって、ある個別の言語や文化に、特別の価値を置き優位性を与えるといったことなく、言語や文化を徹底的に相対化し、もろもろの言語や文化、さらに言えば人間を対等に捉えられるよう努力すべきである。

注

1　　田中克彦『ことばと国家』、参照。

参考文献

大石俊一　1990　『「英語」イデオロギーを問う』開文社出版

梶井　陟　1980　『朝鮮語を考える』龍渓書舎

田中克彦　1981　『ことばと国家』岩波書店

田中　敬　1989　『英語はどんな言語か』三省堂

田中　敬　1993　『外国語教育とイデオロギー』近代文芸社

津田幸男　1990　『英語支配の構造』第三書館

第2章

「国語」を考える

1　アイヌ語、国会に流れる

1994年11月9日、日本の国会にアイヌ語が初めて流れた[1]。アイヌ民族初の国会議員として参議院比例区で同年8月に繰り上げ当選した萱野茂さんが、行った参議院環境特別委員会での質問においてである。同委員会の会議録は、萱野さんの発言を、

　ここでアイヌ風に言うと次のような言い方になるわけであります。10行ほどでありますが、後ほどきちっと日本語に訳したいと思います。
　ニシパウタラ　カッケマクタラ　シネイキンネ　コンカミナネㇷ゚クネワ　ソモネヤッカ　ニシパエウタラネ　クキカネワクコロウタリ　コロイラウェ　シペッテッパクノ　クネㇷ゚キルスイナ
　エンカオピュㇷ゚キワ　ウンコレヤン
　「紳士の皆様、淑女の皆様、御一同様にごあいさつを申し

11

上げます。何者でもない私ではありますけれども、皆様の末席に座らせていただき、アイヌ民族の願いである新法制定に向けて力を注ぎます。先生方のお力添えのほどをお願い申し上げたいと思います。」ということです。

（1994年11月30日の朝日新聞より）

のように書き留どめている。この萱野さんの言語行為および国会の会議録は、母語・国語・公用語や国家や民族・国民といった問題を、我々に考えさせてくれる。アイヌ民族から国会議員が生まれたということが、一つの画期的な出来事であるだけでなく、限界・限定はあるものの、アイヌ語が国権の最高機関である国会の場に登場したこと、さらに、国会の委員会の会議録がアイヌ語での演説を書き留どめたことが、日本における言語の現実的な存在のあり方のささやかな前進にとって、より注目すべきことであり、画期的なことなのである。

　被選挙権について定めた「公職選挙法」第10条第2項によって、参議院議員である萱野さんが日本国民であることには間違いがない。しかしながら、萱野さんが、アイヌ民族であり、アイヌ語を祖母から学び自らの言語として育った人間であることも、これまた事実である。これは、生まれながらの日本国民でありながら、日本語を母語としない人達、日本民族とは異なった民族の人達がいる、といったことを示している（言わずもがなではあるが、ここでは、既に日本語とは異なった言語を母語として身につけた後、日本に来て日本国籍を取った人達や、日本国籍を有しながら海外で生まれ、彼の地の言語を母語として育った人達のことを、問題にしているのではない）。日本人の中に日本語を自らの

言語としない民族のいることは、忘れられがちではあるが、忘れてはならないことである。もっとも、この種の人達に、自らの民族に固有の言語を母語としないで、むしろ日本語を母語として大きくなる人が増えているにしても。こういった人達が増えていること自体、これも言わずもがなであろうが、日本政府が、明治初頭の北海道開拓使時代以来、アイヌ民族に対して行ってきた、過酷な同化政策の結果に外ならない。

　萱野さんは日本語が話せないわけではない。自らがしゃべったアイヌ語を、自らが和訳しているのである。日本語を話せないわけではない彼が、解する人間がいるであろうとは思われない国会の場でアイヌ語で話すという言語行為を取ったことの意味を、意識的にせよ無意識的にせよ、今まで同化こそがアイヌ民族にとっての幸せであり発展であるという考え方を取ってきた、あるいは、そういった姿勢に対して異論をはさまず、そういった考え・施策を追認してきた我々は、深く受け止めるべきであろう。議員の質問の持ち時間は、それぞれ決まっている。質問の一部といえども、アイヌ語で語り、それを自ら和訳するということは、持ち時間の中で質問できる内容・項目を減らしてしまうことになり、効率のよい質問のし方ではない。効率を犠牲にしてでも、彼がアイヌ語で質問したのは、アイヌ語で話すことで、日本の中に日本語を母語としない（しなかった）、日本民族とは異なったアイヌ民族が存在することを、訴えたかったからに外ならない。この日本人の中にアイヌ民族がいるという彼の訴えは、彼の演説の内容よりも、彼が使ったアイヌ語によって、他の国会議員により鮮烈に伝わったに違いない。民族の存立にとって、母語の存在がいかに大きな要因であるのか、といったごく当たり前のことを、ここで

も見て取ることができよう。

　萱野さんが、国会の場においてアイヌ語で質問の一部を行ったという事実は、憲法および国会法の中に、国会での用語は日本語に限る、といった類いの使用言語の規定が、なかったことを示している（議会における使用言語の規定がないことは、大日本帝国憲法においても同様）。これは、日本という国家が言語に対して寛容である、ということを示しているのであろうか。いな、そうではない。日本においては、国会での質問やそれに対する議事録が日本語以外で行われるなどとは、考えられてもこなかっただけである。無意識にせよ、あるいは無意識であればあるほど、日本語以外の使用が考慮の外にあった、ということは、明治以後の日本における他言語（この場合アイヌ語）に対する抑圧・滅ぼし、この場合に即して言えば、アイヌ民族に対する日本語の母語化が、過酷であり成功していたことを示している（もっとも外地植民地においては、日本語の母語化はなかなか容易ではなかった）。

　それでは、萱野さんが一部アイヌ語を用いて国会の質問を行い、会議録にもアイヌ語が残されたという事実は、国会での使用言語にアイヌ語が加わったということになるのだろうか。いな、決してそうではない。実質的な意味合いは大いに異なるものの、形式的には、萱野さんの国会でのアイヌ語の使用は、その中に一部異なった言語が混じった日本語の演説、といった域から大きく出たものではない。混入した異言語が、語のレベルではなく、文章のレベルであり、また、英語やフランス語でなく、アイヌ語であったというものである。事実、彼の質問は、アイヌ語だけで行われたのではない。常に自らの手になる和訳が添えられている。言い換えれば、彼の話したアイヌ語を無視してしまっても、

彼の質問の内容は欠けるところがない。これは、議会での討論・質問などにおいて、英語とフランス語のいずれの使用をも憲法で認め、両言語による併用をその議事録において行っているカナダのケベック州とは、本質的に異なる。複数の言語が国会での使用言語として認められている、というのは、このようなカナダのケベック州の場合を言うのである。形式的には異言語を混入させた日本語での演説、といったものであるにしても、混入されている言語が、かつて日本が同化させ消滅させようとしてきた日本内異民族の母語たるアイヌ語であるということは、混入異言語が英語などの場合とは、根本的に異なった意味を持ってくる。今後、アイヌ語を公用語に引き上げることが可能なのか、また、そのためには何がなされなければならないのか、といったことに、今少し関心が集まり、そのことが問題として取り上げられてもよいのではないだろうか。

逆説的な物言いに聞こえるかもしれないが、萱野さんは、アイヌ民族であり、アイヌ語を母語として育ちながら、日本語を使った、また、使わなければならなかった、ということを、心に留どめておく必要があろう。このことは、より大きな言語の集団の中に生きる少数言語使用者の避けがたいきびしい言語生活の現実を物語っている。

2　国家における国語

これまた逆説的に聞こえるかもしれないが、先に見た萱野さんの国会におけるアイヌ語での質問は、日本における国語（国家語）や公用語が日本語に外ならない、という現実をまざまざと見せつ

けてくれた。

　ある民族語を、国家の言語・国語として育て上げ、国語として維持していくためには、その民族語で政治を行い、裁判を行い、教育を行っていくことが不可欠になってくる。日本国においては、政治や裁判や教育の場では、日本語が使われている。さらに言うなら、これらの場では正式に使われるのは、日本語だけである。日本という国の国語は、言うまでもなく日本語である。また、国語（国家語）とは、政治・裁判・教育など公の場で使うことが義務づけられている言語のことである。もし公の場で使うことができない、あるいは、その使用に現実的に制限があるとすれば、かりに国語として位置づけられていたとしても、その言語は、現実的なあり方としては弱い存在であるといわざるをえない。スイスにおけるレト・ロマン語はこういったものだろう。

　また、こういった複数国語におけるある言語の優位的措定は、戦前日本のかいらい国家であった満州国においても観察される。

　　結論から云へば、満州国の国語は満語と日本語である。従つて、…勿論公用語として日本語が用ひられてゐる。沿革的に見れば、当初満州国の国語は満語だけであつた。然るに海外法権撤廃に先立つて満州国の結合を整備をするに当り、其の解釈上疑義を生じた場合日満何れの国語に依るべきか問題を生じ、種々考究の結果康徳二年即ち昭和十年一月日本語をも満州国の国語とし、法令上の解釈に疑義を生じた場合は日本語に依ることゝしたのである。

　　　　　　（森田孝「満州国の国語政策と日本語の位置」『日本語』
　　　　　　2巻5号、昭和17年五5月、80頁、下線筆者）

上引の森田の文章は、日本国ではなく、満州国であるにもかかわらず、ともに国語として位置づけられていた満州語の方が、公の場の中核では、かえって低められていたことを物語っている。このことは、満州国のかいらい国家といった性格をよく示していると言えよう。公的な場における日本語の優位性については、また、丸山林平が「インテリ層などに於ては、殆ど日本語一本建で進んでゐるのが通例」「満州国語研究会の委員会などに於ては、日系の委員と満系の委員とが殆ど同数であるが、…すべて日本語だけで取運ばれて行く」「各官庁の会議なども殆ど日本語だけで行はれてゐる」(「満州国に於ける日本語」『国語文化講座 6・国語進出篇』昭和 17 年 1 月、所収、134 頁)と語るところからも知られよう。

　ある民族語(あるいはある方言)の地位を低めるには、その民族語を使用することに「恥」を感じさせ、当の民族語を使用するより他の民族語を使用する方が、栄達や経済的利益の獲得にとって有利であるという状況を作ってやることが効果的である。アイヌ語の消滅化においても、満州国における日本語の進出においても、このような方法が利用されていたことを、我々は忘れてはならない。また、昨今の日本語学習ブームの背後にも、日本語習得による経済的効用が存している。

3　裁判での使用言語

　一部の選ばれた人間がその中核に関与しうるに過ぎない政治の場に比して、裁判の場は、広く国民全体に関係してくる。それだけでなく、恵まれたエリートよりも、不幸な恵まれない人間が関わってしまうことが多いのが、裁判の場である。裁判の場でどの

ような言語が使われるのか、あるいは使われなければならないのか、といった問題は、政治の場でどのような言語が使われるのかより、一般国民にとっては、より重要で深刻な問題である。より重要な問題であればこそ、国家としても、裁判の場での使用言語が何であり、国（家）語が何であるかを知らしめることが必要になってくる。事実、国会での使用用語についての法的な明文化された規定はなかったものの（これは既に述べたように、国会で演説するくらいの人間に日本語が十分でない人間などがいるわけがない、という無意識の前提が存する）裁判所の使用用語については、昭和22年5月3日に施行された「裁判所法」で、

　　　第二章　裁判所の用語
　　　第七四条（裁判所の用語）　裁判所では、日本語を用いる。

と明確に規定されている。もっとも、日本語をまったく解さない外国人が裁判の当事者である場合、通訳などが付くことは妨げられない。妨げられてはいないものの、裁判官・検事・弁護士が日本語以外の言語を使用して、裁判が遂行されることはない。これは、日本人たるアイヌ民族は当然のことながら、日本国籍を持たない在日韓国・朝鮮人にも適用されている。日本語を裁判用語として法律で規定したことは、戦後の日本における国語・公用語が日本語である、ということを、明確にそして実質的に示したことに外ならないと言えよう。
　裁判用語の明文化は、明治23年11月1日施行の旧憲法下の「裁判所構成法」の百十五条から百十八条においても、

第二章　裁判所ノ用語

第百十五条　裁判所ニ於テハ日本語ヲ用ウ

　　当事者証人又ハ鑑定人ノ中日本語ニ通セサル者アルトキハ訴訟又ハ特別法ニ通事ヲ用キルコト要スル場合ニ於テ之ヲ用ウ

第百十八条　外国人ノ当事者タル訴訟ニ関係ヲ有スル者及其ノ訴訟ノ審問ニ参与スル官吏ノ或ル外国語ニ通スル場合ニ於テ裁判長便利ト認ムルトキハ其ノ外国語ヲ以テ口頭審問ヲ為スコトヲ得但其ノ審問ノ公正記録ハ日本語ヲ以テ之ヲ作ル

　として記述されている（百十六・百十七条は省略）。旧憲法下の「裁判所構成法」の方が裁判所の用語については、ていねいである。上引のように、百十五条で、用語が日本語であるということ、通訳を置きうる、といったことが、さらに百十八条で、外国語でも審問が可能なこと、しかし記録は日本語でなければならない、ことが定められている。「裁判所構成法」の施行は、未だ治外法権などを含む欧米列強との不平等条約が存在していた時期であった。治外法権の廃止を盛り込んだ第一次条約改正がなされたのは、明治27（1894）年のことであった（ただし施行は5年後）。この間、改定への条件として外人法官の任用なども論議されていた。「裁判所構成法」での裁判用語の規定の詳しさは、このような歴史的状況を反映していると考えられるのではなかろうか。

　日本が外地に植民地を持つに至って、不平等条約下で日本が味わったこと、さらにそれ以上のことが各植民地で行われることになる。外地の裁判に関しては、それぞれ「台湾総督府法院条例」

（明治 29）、「関東州裁判令」（明治 41）、「朝鮮総督府裁判所令」（明治 42）、「南洋群島裁判令」（大正 11）によって、内地とは別系統で組織された（樺太は内地に包含）。また、満州国に対しては、日本の裁判所と満州国の法院との間で、訴訟書類の送達や証拠調べで相互共助するための「日満司法事務共助法」（昭和 13）が制定された。この間、大正 11 年の法律第五三号では、朝鮮、台湾、関東州の裁判官・検察官と内地のそれとの間で資格を共通にする、という規定が設けられることになる。

　こういった状況下では植民地での裁判用語が問題になってくるのは、当然の成り行きであろう。この点について、保科孝一は、

　　また両民族の雑居して居る町村の裁判所では、いずれの言語を以て審問するか、あるいはまつたく原被の自由に任せるべきか、それが問題になる。…台湾においては裁判官はすべて日本人であるから、土人を審問する場合には、日本語を用いるが、しかしこれを解し得ないものには通訳を附する、朝鮮では朝鮮人の裁判官もあるから、審問には朝鮮語を用いることもあるが、しかしその場合は通訳を附することになつて居る。であるがともかく台湾も朝鮮も大体日本語が裁判所の用語となつて居ると見てよいので、口供や判決文は日本語で作成するのが慣例になつて居る。しかし植民地における裁判令には、用語に関する規定はないが、将来おそらくその問題を生ずるに相違なかろう。その場合には、原則として治者たるものゝ言語を標準とすべきことは言うまでもない。

　　　　　　　　　　（『言語政策論』66 頁、『国語科学講座Ⅻ』の 1 分冊、

　　　　　　　　　　　　　　　　　　　　　　昭和 8 年、下線筆者）

と述べている。日本の各植民地の国語は、日本語であるという考えを実質的に明確に示したものであろう。明治以降の日本は、日本内異民族たるアイヌ民族から始まって、常に異民族に言語的同化、日本語の母語化・国語化を強いてきた。

　日本語と他の民族語との類似の関係は、日本語の内部においては、標準語と各方言の間にも存在する。戦後の「裁判所法」は、裁判用語を日本語と規定してきた。それでは、この日本語とは、いったいいかなるものなのか。

　　裁判長　原告に再び注意します。…方言での発言は、理解を
　　　　　　混乱させますから、標準語でしゃべって下さい。
　　鍋　井　裁判長、そげなんこついうたら、ふとおな問題ど
　　　　　　お。あんた裁判長「いのちき」ちゅう豊前の方言を
　　　　　　知っちょるか？
　　裁判長　いのちき？
　　鍋　井　知らんじゃろうが。くらしちゅうこっちゃ。…そげ
　　　　　　なん方言も理解出来んもんに、こん裁判を起こした
　　　　　　わしどうん心は分からんはずじゃ。わしゃ、どげえ
　　　　　　してんが、この裁判は方言でしゃべらしちもらいま
　　　　　　す。

（松下竜一『五分の虫、一寸の魂』、田中克彦「法廷にたつ言語」『展望』
　　　　　　　　　　　　　　1978 年 5 月号からの重引、下線筆者）

これは、大分県中津市で行われた環境権訴訟裁判での発言である。この裁判官の頭にあった日本語とは、標準語なのである。あるいは、いくらか方言化されてはいても、標準語とさほど隔たら

ない準標準語止まりなのであろう。きっすいの方言は、裁判用語たる日本語の許容範囲を越えているのであろう。こういった事例に出会うと、私は、どうしても当事者が沖縄方言しか話せなくて、裁判官が沖縄方言を解さない場合の裁判の場に思いが行ってしまうのである。

4　国語イデオロギー

「国語」というコトバの内包が確立するのは、そう古いことではない。明治における日本の国家としての成立を前提にしている。上田万年は、H・パウルなどを持ち帰り、日本に近代言語学を移植し根づかせた功労者であるが、また一面、国(家)語イデオロギーの普及を計ったアジテーターでもあった。『国語のため・第一』(明治28、訂正再版・明治30)の扉に記されている「国語は帝室の藩屏なり　国語は国民の慈母なり」という言葉は、上田の国語観を象徴的に物語っている。もっとも、このような国語観は、必ずしも上田に限ったことではない。関根正直が『国語学』(明治24)の緒言で「国語ハ国民一統に貫通し、外邦に対して、我が同胞一体の感覚を喚起する、本邦特有の現象にして、国語の一定せるハ国家の独立なるを代表するに足るべく、斯学の盛衰ハ、……国勢の消長、国民の元気にも大に関係するものぞかし。」と述べているのも、同じ国語観を示している。同様の国語観は、強弱の差はあっても、大槻文彦の『言海』(第1分冊は明治22)の刊行にあたっても、松下大三郎の『日本俗語文典』(明治34)の刊行にあたっても、観察されるものである。

　上田は、明治27年10月8日哲学館で「国語と国家と」といっ

た講演を行い、国家という観念においては「土地」「人種」「結合一致」「法律」といった四要素が欠くべからざるものである、と指摘し、その結合一致の要素の一つとして、「言語」を挙げ、

> 言語はこれを話す人民に取りては、恰も其血液が肉体上の同胞を示すが如く、精神上の同胞を示すものにして、之を日本国語にたとへていへば、日本語は日本人の精神的血液なりといひつべし。日本の国体は、この精神的血液にて主として維持せられ、日本の人種はこの最もつよき最も永く保存せらるべき鎖の為に散乱せざるなり。
>
> （12頁、頁数は『国語のため・第一』所収のもの、以下同様）
> 其言語は単に国体の標識となる者のみにあらず、又同時に一種の教育者、所謂なさけ深き母にてもあるなり。われわれが生るゝやいなや、この母はわれわれを其膝の上にむかへとり、懇ろに此国民的思考力と、此国民的感動力とを、われわれに教へこみくるゝなり。故に此母の慈悲は誠に天日の如し。
> （13頁）
> 嗚呼世間すべての人は、華族を見て帝室の藩屏たることを知る。しかも日本語が帝室の忠臣、国民に慈母たる事にいたりては、知るもの却りて稀なり。況んや日本語の為に尽しゝ人をや。
> （23頁）

と述べている。上田の母語・国語・国民・国家一体観が明確に語られている。ここには、同化を強いてきたアイヌ民族の母語たるアイヌ語が完全に抜け落ちている。ちなみに、「国語と国家と」という講演は、「昨日われ〳〵は平壌を陥れ、今日又海洋島に戦

ひ勝ちぬ。支那は最早日本の武力上、眼中になきものなり。」(25頁)と語る日清戦争中のものである。国力の海外進出を目の当たりにした国家意識の高揚とともに、「国語」が声高に唱え上げられていったという歴史的経緯を、我々は忘れてはならないだろう。

　明治以後の日本語研究の発展が、言語を他のものから切り離して、言語を言語として考察する、という研究対象の純化によってなしとげられたものであることを、我々は知っているし、それは間違いのないところである。それにしても、明治以降の日本語の言語学的研究・文献学的研究は、当初からその一面において、国(家)語イデオロギーによって後押しされながら進展していった事実をも、心に留めておくべきだろう。時枝誠記が、「上田万年博士の国語と国家に関する論説は、明治の国語学を推進し、当時の国語学者は、皆博士の熱情を熱情として、国語研究に精進して来た。私としても同様で、この熱情こそ国語学徒の生命であると信じた。」(『国語学への道』47頁)と語るのを見る時、このことを再確認することになる。いわゆる「国語学者」なるものは、今少し「国語」なるコトバの含みうる政治的内包に思いを致すべきであろう。

　また、明治以後の国語教育に及ぼした上田万年の影響にも少なからざるものがある。彼の「国語研究に就て」(明治27)、「教育上国語学者の抛棄し居る一大要点」(明治28)、「初等教育に於ける国語教授に就きて」(明治29)——いずれも訂正再版『国語のため・第一』所収——などは、その代表的なものだろう。上田が、標準語について、「標準語とは、…もと一国内に話され居る言語中にて、殊に一地方一部の人々にのみ限り用ゐらるゝ、所謂方

言なる者とは事かはり、全国内到る処凡ての場所に通じて大抵の人々に理解せらるべき効力を有するものを云ふ。猶一層簡単にいへば、標準語とは一国内に模範として用ゐらるゝ言語をいふ。」（「標準語に就きて」51頁）と規定し、

> 全国の教師が話す言語は、如何にあるべきかに就きましては、議論は大概二派に分れるでありませう。所謂中央集権主義と、地方分権主義との二であります。私は中央集権主義の論者でありますが、……。
>
> （「教育上国語学者の抛棄し居る一大要点」77頁）
>
> 私の主張致します中央集権主義だとて、決して各地方の方言の自由を奪ひ去り、これを撲滅してしまはうといふ趣旨ではありませぬ。たゞ全国の言語を一統する事を目当とし、各地方の方言をば、此一の中央語に何時でも近づける、又近づくときにはよくわかるといふ様にさせたいのであります。
>
> （「教育上国語学者の抛棄し居る一大要点」78頁）

のように述べる時、上田の国語教育とは、当初から標準語教育といったものであり、日本という国家の統一のために、日本という国家の言語としての「国語」の統一、標準語の制定が、上田の重要な関心であったことを知ることになる（さらに言えば、方言の調査研究は標準語確立の基盤獲得からスタートした）。上田の国語教育というより、明治以後現在に至るまで、日本の国語教育は、標準語教育であり、方言より標準語が優位であり続けたのが、明治以後現在に至る日本の言語状況なのである。

5 少数言語使用者の苦悩

　田中克彦は、日本の言語学者としては珍しく鋭い政治的・思想的問題意識を備えた研究者であろう。田中が「国家語は万人に服従を求める規範であり、それへの服従は、国家とその体制イデオロギーへの恭順、尊敬、忠誠のあかしである。」(「国家語イデオロギーと言語の規範」『言語から見た民族と国家』所収、246頁)と語るのを見る時、それは、一つのアジテーションである。こんなに簡単に割り切ってしまえないのが、言語であろう。言語の重要な役割は、通達の手段たることである。広範囲の伝達地域・領域を持つのは、標準語たる国(家)語である。反体制集団のアジビラやアジ演説が標準語たる国家語で語られる事実、また、それで語らなければ効力が薄い、ということを、我々は知っている。ここに、好むと好まざるにかかわらず、言い換えれば、国家とその体制が押しつけてくるイデオロギーに反発しながらも、国家語を使用しなければならない、という苦悩と屈辱がある。また、良心的な言語教育(者)の苦悩がある。

　まさに、「沖縄県における標準語政策は、たんに方言の匡正と標準語普及の努力だけにとどまってはいなかった。それは本来的に、一切の沖縄風のものと沖縄独自のものの抹殺、言語・風俗・習慣の「日本化」、土着固有の伝統文化にたいする蔑視や抑圧と結びついていた。それは、人民の横につながる連帯をつよめる方向ではなく、天皇に象徴される帝国主義国家への帰属と献身をもとめる権力者の側からの政策の一環として展開されたものだった。」(新里恵二「沖縄における標準語政策の功罪」『言語生活』142号、46頁)と述べる論者が、すぐさま「しかし同時にわれわれは、こ

とがらの他の側面をもみなければならないだろう。……。資本主義社会にあって、全国どこでも通用する貨幣が必要なように、全国どこでも通用する標準語が、日本の一県となった沖縄においても必須のものとなるのは当然過ぎるほど当然のことといえよう。そして、そのような共通語を学びとることじたいは、沖縄県民の知識の幅をひろげるものとして歓迎されることであり、解放としあわせを約束するに不可欠のものでもある。」(同、46頁) と付け足さねばならないのである。

　最後につい最近の出来事を一つ記しておこう。1995年3月31日の大阪市天王寺区のJR鶴橋駅前で、在日外国人の参政権を求める運動が展開されていた。「大阪府議会選に立候補しようとしたが、日本国籍がないと退けられた。府議の定数は住民数で決まる。生野区内の四人に一人という在日韓国・朝鮮人は、住民数に数えられても選挙人名簿には掲載されず投票権がない。大きな矛盾だ」という趣旨のものであったが、ビラも抗議演説も、韓国語ではなく日本語で行われていた。また行わざるをえなかった。

　より優勢な言語や標準語の世界の中で生きていかなければならない少数言語使用者や弱小方言話者の悲哀と苦悩がここにある。

注

1　国会でアイヌ語が流れた件についての補記を一つ。
　　国会と甲子園球場という違いはあるが、2021年3月、春の選抜高校野球大会において京都国際高校の韓国語の校歌が甲子園球場に流れた。また、NHKと毎日放送での中継においても、ハングルと日本語訳の双方を添え、その映像が流れた。京都国際高校は韓国系学校をルーツとする学校。ちなみに京都国際高校は、各種学校ではなく、「一条校」であり、出場した

野球部員はすべて日本人であった。ただやはり、この出来事について、ネットなどでそれなりの意見が出た。

参考文献

京極興一　1993　『「国語」とは何か』東宛社
田中克彦　1981　『ことばと国家』岩波書店
豊田国夫　1968　『言語政策の研究』錦正社
松岡修太郎　1936　『外地法』日本評論社

第3章

上田万年と国（民）語の創出

1　はじめに

　日本語の、日本の「国語」への生まれ変わりを、『日本語の歴史6　新しい国語への歩み』(平凡社、1975)は、

> ひらたくいえば、明治という時代がひらけ、日本語は、はじめて日本という新しい国家のその意識をささえる土台となるのである。……。いままでの連綿たる民族のことばとしての伝統のうえに、かくいまや起こるところの、国家のことばへの理念のこの飛躍を自覚的にあらわすものとして、〈こくご〉ということばは、えらばれたのである。
>
> （197頁）

と描き出している。この一節は、おそらくは亀井孝の筆になるものであろう。『日本語の歴史』が語るように、日本語は、明治になり、日本という近代国家が誕生することを受け、その日本という国家を支え、そこに住む人々を日本国民としてまとめ上げる言

語になった。国語は、国家が国家として成り立っていくための政治、行政、法制、軍隊などといった統治機構を支え運営する言語であるとともに、文学、メディア、教育などを通して、人々をして国民に統一しまとめ上げる言語である。このことが可能になるには、その言語が、様々な領域で使用されうるだけの高い機能性を有していることが、まずもって要請される。高い機能性を持つことによって、その言語は、国家を維持し運営するための諸制度を支えることが可能になる。しかし、それだけでは、その言語は、国語として国民を作り出しまとめ上げることはできない。高い機能性とともに、その言語は、人々の大多数が容易に接近できる大衆性を持つ必要がある。接近の可能性は、言語に対する共有意識を生み出し、言語共同体、そして国家へと人々を抱合する。国語には、機能性の高さと大衆性がともに要求される。機能性と大衆性を持つことによって、国語は、国家の言語―「国家語」―であるとともに、国民の言語―「国民語」―として機能することになる。

　上田万年は、国語の形成について、いろいろな点で深く関わっている。いろいろな点に関わり、多彩な様相を示しはするものの、上田の国語形成への営みには、日本語の、国民の言語・国民語への作り上げを目指すという側面が強く感じられる。本章では、彼の言説を追うことによって、上田のこういった側面を跡づけてみたい。

2　上田万年が帝国大学を出る頃までの教育言語の状況

　最初に、上田万年が帝国大学を出る頃までの教育言語の状況を

ごく簡単に眺めてみることにする。

　上田万年は、慶応3(1867)年1月7日、東京で生まれ、明治11(1878)年、東京府中学校の変則学級に1年ほど在学したのち、12年に大学予備門に入学している。その後、明治18(1885)年、東京大学文学部の和漢文学科に入学し、帝国大学文科大学に改称されたのち、21年、和文学科を卒業している。その後、3年9カ月あまりの欧州留学を終え、明治27(1894)年7月、27歳で帝国大学文科大学の博言学の教授になっている。上田は、東京府中学校時代、変則学級に在学しているが、変則とは、正則に対するもので、ここでは英語で一般の教科を教わるものである。ここにも、当時の教育言語の状況の一端が示されている。

　神田孝平が「邦語ヲ以テ教授スル大学校ヲ設置スベキ説」という論を『東京学士会院雑誌』に掲載したのは、明治12(1879)年のことである。その論文の末尾には、当時三学部総理であった加藤弘之の回答が添えられている。

　　東京大学ニ於テハ方今専ラ英語ヲ以テ教授ヲナスト雖此事決シテ本意トスル所ニアラス 全ク今日教師ト書籍トニ乏キカ為メニ姑(シバラ)ク已ムヲ得サルニ出ルモノニシテ将来教師ト書籍ト倶ニ漸々具備スルニ至レハ遂ニ邦語ヲ以テ教授スルヲ目的トナスノコトハ昨年刊行ノ東京大学法理文学部一覧略ニ記載セルカ如シ[1]

といったものである。加藤の文に出てくる明治12・13年度の「東京大学法理文学部一覧」の内容とは、

各学年ニ於テハ将来邦語ヲ用ヰテ教導スルヲ以テ目的トスト
雖モ　現今姑ク英語ヲ専用シ且法蘭西（フランス）、日耳曼（ゼルマン）ノ語中其一ヲ
兼習セシム……[2]

というものである。また、井上哲次郎は、

尋（ついで）で大学へ進みました。即ち今日の東京帝国大学であつて其
頃、東京大学と称へられて居た。講師は又矢帳り英米人ばか
りである。講義から、試験の問題から、教室内の問答迄悉く
皆英語であつた。後に理科に菊地博士、文科に外山博士等
二三邦人の教授も出来たが皆英語で教へられたのである。

（『英語世界』6巻、8号）[3]

と、その頃の大学での思い出を語っている。

　以上の文言は、上田が東京大学に入学する以前の明治10年代
の前半にあっては、日本語が、未だ高等教育を担いうる言語に
なっていなかったことを示している。加藤の言に出てくる書籍の
不足という問題は、直ちに日本語の問題でもある。日本語に、高
等教育の内容・概念を担い表しうる語彙が不足していたことが大
きく関わっている。よく知られているように、明治以降、日本語
は、高等教育を担いうるよう、抽象的な語彙を拡張していくこと
になる。当時、日本語は未だその機能性を十分には発展させてい
なかったのである。

　上田は、帰国するや、かの有名な「国語と国家と」と題された
講演を行っている。啓蒙的ではあるが、かなり高度で専門的な内
容を含んだものである。また、上田は大学において日本語で言語

学の講義を行っている。上田が明治29・30年度に行った講義が、新村出の手によって筆記ノートとして残されている。

> Philosophical investigation ノ考ヲ以テ Scientific、logically ニ
> 物ノ観察法ヲ益々鋭クシ、正確ニシ、……
> verb ニ次グモノハ adverb ナリ。而シテ verb ト他ノ名詞トヨ
> リ preposition 出デタリ[4]。

のようなものである。筆記ノートであるので、上田が講義で用いた言葉そのままではないが、それでも、上田の講義の様子の一端を伝えてくれる。英語などの洋語の語彙のかなり多く混入した日本語で行われていたものと思われる。洋語の語彙のかなり混入したものではあるものの、この頃、日本語は、ようやく高等教育の内容を担う言語にその機能性を高めつつあったものと思われる。

　明治30年代の中頃、博文館が帝国百科全書なるシリーズを刊行している。そのシリーズとして、『政治史』『財政学』『商業経済学』『法理学』『国際公法』『民事訴訟法釈義』『哲学汎論』『西洋哲学史』『論理学』『世界文明史』『邦語英文典』『教育学』『社会学』『心理学』『新撰代数学』『新撰解析幾何学』『有機化学』『応用化学』『応用機械学』『普通物理学』『高等天文学』『地質学』『水産学』『新撰動物学』など、色々なものが刊行されている。この頃になると、日本語は、人文系、理工系にわたり、高等教育・近代科学の内容を担いうる言語にまでその機能性をほぼ高めていたと言えよう。

　ただ、上田万年が日本語の機能性向上に積極的に腐心した形跡はない。明治5（1872）年の森有礼の頃とは違って、もうこの頃に

は、日本語は、かなりの機能性を獲得していたものと思われる。

　上田万年の主たる関心は、もう少し別の所にあった。

3　上田万年と国語ナショナリズム

　上田万年の日本語観・言語観について、よく言われることは、「国語ナショナリズム」とでも呼べそうな、彼の国語観である。上田万年は、欧州留学から帰国して間もない、明治27（1894）年10月8日、哲学館において「国語と国家と」と題された講演を行っている。この講演は、明治28年6月に刊行され、明治30年12月に訂正再版された『国語のため』（冨山房）の中に収められている。この本の扉には、「国語は帝室の藩屏なり　国語は国民の慈母なり」という有名な言葉が大きく1頁にわたって記されている。上田の国語観を表す極めて象徴的な言葉である。この言葉に盛り込まれた国語観は、この後、教師や学者など国語に関心を持つ人間、さらに言えば政治家などにも、大きな影響を与え、利用されもすることになる[5]。たとえば、時枝誠記は、自らの進むべき道の選択決定に対して与えた、上田のこの国語観の影響を、後年語っている[6]。

　この象徴的な言葉となって現れるところの国語観を、上田は、「国語と国家と」において、

　　　言語はこれを話す人民に取りては、恰も其血液が肉体上の同
　　　胞を示すが如く、精神上の同胞を示すものにして、之を日本
　　　国語にたとへていへば、日本語は日本人の精神的血液なりと
　　　いひつべし。日本の国体は、この精神的血液にて主として維

持せられ、日本の人種はこの最もつよき最も永く保存せらるべき鎖の為に散乱せざるなり。故に大難の一度来るや、此声の響くかぎりは、四千万の同胞は何時にても耳を傾くるなり、何処までも赴いてあくまで助くるなり、死ぬまでも尽すなり、而して一朝慶報に接する時は、千島のはても、沖縄のはしも、一斉に君が八千代をことほぎ奉るなり。もしそれ此ことばを外国にて聞くときは、こは実に一種の音楽なり、一種の天堂の福音なり[7]。

と述べ、

……其言語は単に国体の標識となる者のみにあらず、又同時に一種の教育者、所謂なさけ深き母にてもあるなり。われわれが生るゝやいなや、この母はわれわれを其膝の上にむかへとり、懇ろに此国民的思考力と、此国民的感動力とを、われわれに教へこみくるゝなり。故に此母の慈悲は誠に天日の如し。……。独逸にこれをムッタースプラッハ、或はスプラッハムッターといふ[8]、

と説明している。この文章に見られるのは、国語とは、人々をして国家の同胞たる国民にする絆・紐帯である、という国語観である。国民の精神的統合装置としての国語という捉え方である。そして、その国語の精神的統合装置の働きを、束縛としてではなく、恵みとして捉えるところの国語観である。

　上田の、「母語」即「国語」といった幸せな構図は、日清戦争が終わり、台湾を領有することによって、しだいにきしみはじめ

る。台湾を領有し、日韓併合によって既に韓国をも日本の領土としていた大正5(1916)年に書かれた本の中では、国語は、

> 国語といふ考は、統一せられた国家と相関連するものであり、国民の精神は国語の統一によつて結付けられ、国家の組織は之によつて鞏固(キョウコ)にせられるのであるから、国語はその国家を形成する国民の中枢たる民族の言語であり、全国民に対して統一的勢力を有する言葉で無ければならぬ。かういふ風に解釈して始めて、国語といふものゝ性質、意義が明らかになる[9]。

のように、規定されている。国語は、国家形成の中枢を担う民族の言語というふうに、政治的な趣の強い概念として規定されることになる。

　しかし、やはり、上田にとって、国語は、近代国家と相関しながらも、政治的概念であるというよりは、まずもって、家といったものが関わる、自然法的な生理的な概念であった。これには、天皇を頂点とする家族国家主義の観念が深く関わっている。後で触れるように、大衆への柔らかい眼差しを持ちながらも、上田は、天皇制家族国家という観念からついに解き放たれることはなかった。上田にあっては、大衆への眼差しと天皇への忠誠・尊愛とは、何ら矛盾するものではなかった。帝国大学の教授であり、文部省の専門学務局長をも勤めた、という明治政府の中枢にあった上田にあっては、天皇制家族国家主義は、自らの縛り・限界であるよりも、自らが推し進める我が国体の美徳であった。このことは、「国語は帝室の藩屏なり」という文言が「国語は国民の慈

母なり」という言葉より前に位置させられている、ということからも窺い知ることができよう。また、国語への愛についても、

　　真の愛には撰択の自由なし、猶皇室の尊愛に於けるが如し。
　　此愛ありて後、初めて国語の事談すべく、其保護の事亦計るべし[10]。

のように、皇室とひき比べながら、皇室への愛とともに、批判の差し挟みようのないものとして説いている。また、上田は、「国語と思想」（『神道学雑誌』4号、昭和3（1928））という小論において、国語による国民の思想形成を「神ながらの道」と捉え、「国語は、……国民的統一を鞏固にする所のものである。されば、吾々は国語の研究をます〳〵奨励し健全な国民思想、即ち神ながらの思想の発展に努力せねばならぬ。」（8頁）と述べている。上田は、後年になっても、天皇制家族国家主義とともに、日本語を特殊なものと捉え日本を言霊の国と捉える、という伝統的な国語観の中にいた。この種の捉え方は、上田一人の問題ではなく、時代のものであったとしても、やはり上田の特徴・弱点として指摘しておかなければならない。

　国語を国民・国家と関連させ、国民を統合し国家の独立を維持する装置と捉える、いわゆる「国語ナショナリズム」的な国語観は、なにも、上田が最初でも、上田一人のものでもない。関根正直は、上田の講演「国語と国家」より以前の明治24（1891）年にあって、

　　国語ハ国民一統に貫通し、外邦に対して、我が同胞一体の感

覚を喚起する、本邦特有の現象にして、国語の一定せるハ、国家の独立なるを代表するに足るべく、斯学の盛衰ハ、文学上の関係のみならず、国勢の消長、国民の元気にも大に関係するものぞかし。　　　　　　（『国語学』六合館弦巻書店、緒言1頁）

と述べているし、上田の講演の後の、明治34（1991）年のことであるが、松下大三郎も、

国語は……国家の上より観れは国民統一の要具たり、……。国語は実に国家的精神、国民的個性の発して形にあらはれたるもの、国語の聞ゆる所国家あり、国語の通ずる所我が生活範囲なり。フムボルド日はく国語は真の故郷なりと、……国語は国家の源因要状にして国家は国語の結果なり。国語なけれは国家あることなく、国家の必要なく国家存立することあたはず。国語は実に国家の重鎮なり。百万の騎馬鉄甲よりも重きは実に国語なりけり。

（『日本俗語文典』誠之堂書店、例言1～2頁）

と、W. von Humboldt までもを引き合いに出しながら、言語の国語としての、国民精神の形成・国家維持の機能を高らかに謳い上げている。特に、松下の場合、注目すべきことは、「国語ナショナリズム」的国語観が単にイデーとして差し出されているだけでなく、国語の姿を具体的に現出する「文典」という形を取って示されているということである。さらに言えば、大槻文彦を『言海』（4冊、明治22（1889）年第一冊刊行、第四冊刊行は24年）の完成へと駆り立てたものも、この「国語ナショナリズム」的な熱

情であったと言えよう。

4　国民語の創出をめざして

　国語を、国民を精神的に統合し、国家を維持する装置として捉える、さらに言えば、国家維持の装置としての教育、そして、その教育で重要な役割を果たし、国民を創出する装置としての国語、といった捉え方に立っているとしても、上田万年には、国語を大衆のものにすべきである、といった発想・姿勢があった。上田のこの姿勢・立場は、「国語と国家と」の

　　　　日本語は四千万同胞の日本語たるべし、僅々十万二十万の上
　　　流社会、或は学者社会の言語たらしむべからず[11]。

といった文によく現れている。国語を大衆的なものにしようとするのは、国語の国民創出の装置としての要請に外ならない、という捉え方・評価もあろう。しかし、本章では、やはり、上田のこの種の姿勢を、当時の国語をめぐる言説の一般的なありようからして、上田に特徴的な(上田だけにではないが)、しかも前向きの姿勢として捉えておく。

　また、上田は、自らが創立した「言語学会」の機関紙『言語学雑誌』(3巻2・3号、明治35(1902))に、「国民教育と国語教育」と題した論文を掲載し、次のように述べている。国民は兵役・租税の義務を負っている。したがって、国民は政治に対して自分を主張できる。このような立憲政治の思想が国民に広く容易に分かるように、国民教育は行われなければならない。また、国語教育

と国民教育との関係に触れ、国民教育に役立つ国語教育を訴えている。そして、

> 今日では日本国の国民としては、義務として読書^{よみかき}をしなければならぬことになつたのである[12]。

と説くのである。

さらに、上田は、「実業と文学」(『教育界』明治35)という一文を草し、労働者の方を重く見て本論を立論するつもりであるとした上で、次のようなことを述べている。労働者の利益を計り、労働者に快楽を与えることは、資本家の責任である。そして、平易な言語による労働者のための文学の必要を説き、

> …私は文学者其の人に向つて、せめて一人でもよいから、労働者の友達となり弁護士となつてもらいたい、と希望するのである[13]。
> 此の新文学に依つて、これからの同胞が一日も早く其の地位を高め、其の品位を高め、幸福に生活をなし得るやうになるのを切望するのである[14]。

とも述べている。

こういった上田の言説に触れる時、天皇制家族国家主義という大きな限界を認めながらも、上田の姿勢を、国語の大衆化を計るものとして、それなりに評価すべきであろうと思う。

国語の大衆化、国民語の創出にあたって、上田が心を砕いた問題には、標準語の問題・言文一致(口語体)の問題・仮名遣の問題

がある。以下、それぞれについて、国民語の創出といった観点から、上田の言説を少しばかり追いかけてみる。

4.1 標準語の問題

　標準語の問題は、また言文一致の問題とも深く関わり合っている。上田万年は、明治28(1895)年、『帝国文学』の創刊号に「標準語に就きて」を書き、標準語の規定、その性格、標準語成立の過程などについて触れている。上田は、標準語の候補として、教養のある東京人の使う東京語を取り上げ、その磨き上げを説き、そして、標準語確立に向けての東京語の磨き上げの場として、「教学上の言語、議院内の言語、法庭上の言語、演劇場寄席等の言語、文学者の言語」といったものを挙げている。また、標準語の地位確立にとって、文章語へと上昇することが必要であることを述べている。標準語は、談話語だけの問題ではなく、文章語の問題でもある。ここに、標準語の確立が言文一致(口語体)の問題と密接に結びつくことになる。さらに、「最大多数の人に、最も有効的に標準語を使用せしむるは教育の力なり。」[15]と述べ、標準語普及には教育の力が大きいことを説いている。上述のような標準語をめぐっての、上田の考えは、以後の標準語についての施策の大枠を決定し、言語および教育関係者に大きな影響を与えることになる。

　以後、上田は、標準語の確立・普及を急ぎ、それに向けて尽力することになる。事実、上田は、「内地雑居後に於ける語学問題」(『太陽』4巻1・2号、明治31(1898))という政治性の強い論文の中で――この後、明治32(1899)年6月条約改正が成り、7月外国人の内地雑居が始まる――、

……、東京語とて、未だ全然日本の標準的談話語と定まりたるにもあらず、九州人は九州語を話し、東北人は東北語を談じて、其の間に毫も制裁なきことは、既に議会の議事筆記を見ても明瞭なる事実なり[16]。

と憂い、

　一日も早く東京語を標準語とし、此言語を厳格なる意味にていふ国語とし、これが文法を作り、これが普通辞書を編み、広く全国到る処の小学校にて使用せしめ、之を以て同時に読み・書き・話し・聞き・する際の唯一機関たらしめよ[17]。

と訴えている。さらに、

　国家が国語教育を施し、国語を統一してゆかうといふには、どうしても一つの標準たるべき言語を定めて、すべての事を之で統制してゆかなければならぬ[18]。

とも述べている。つまり、標準語の普及には教育の力が大きいし、また逆に、国語教育の十全なる施行には標準語の確立が必要になる、ということである。このことから、上田は、教師養成がまず必要であると説き、教師の言語に注意を払い、その点で自らは中央集権論者であると述べ、教師の言語の統一的なあり方を主張している[19]。上田の標準語確立・普及は、上からの制度としてのものであった。国語調査委員会（明治35（1902）年3月24日官制発布）の主事委員としての仕事なども、その方向からのもので

ある。事実、国語調査委員会は、調査事項の一つとして「方言ヲ調査シテ標準語ヲ選定スルコト」を上げ、『国語法調査報告書』（明治39、12）や『口語法』（大正5、12）を刊行している。

　もっとも、自らを中央集権主義者と称し、その確立・普及の内実となった標準語が、上からの制度としてのものであるにしても、上田に方言への配慮がなかったわけではない。「決して各地方の方言の自由を奪ひ去り、これを撲滅してしまはうといふ趣旨ではありませぬ。」[20]と記し、方言と標準語には、絶対的な是非や正訛はないと述べている。また、

　　……、ある教師は方言をいやしめて無理にそれを取除けようと致しますが、それは極めて不正な事で、……、方言は、もとは兄弟の言葉で、左程径庭のあるべき者でないのみか、なにも知らぬ小児が、それを用ゐたからとて、可愛想に子供の智識感情并に意思などは、此方言にばかり結び付て居りますのに、これを絶対的にいけぬといひ、をかしと笑ひ、下品だといやしみます時は、小児は遂に手も足も出なくなつて仕舞ひます[21]。

と述べ、方言蔑視や児童に対する急激かつ強圧的な方言矯正を戒めている。上田は、標準語の獲得、方言から標準語への移行が漸次的に行われることを説いている。

　ただ、上田の標準語論について言えば、標準語の普及という考えが主に広がり、標準語への漸次的移行という考えは、さほど理解されてはいなかったと思われる。辺境の地に行けば行くほど、その様相を呈する。『琉球教育』100号（明治37(1904)）所載の「普

通語ノ普及ニツイテ」が、「小学校ニオキマシテハ尋常科第一学年ノ初メヨリ普通語ヲ以テ教授ヲナシ又普通語ヲ以テコタヘサスルヲ最良策ト思ヒマス」[22]と述べる時、その思いを強く持つ。もっとも、当時沖縄には参政権すら与えられていなかった。

それにしても、やはり、上田の標準語の確立・普及の論は、国語の大衆化、普通教育の十全な遂行のため、といった志向性を有するものである。

> もし(筆者注：同胞のために力を尽くすことを)知りて居るならば、なぜ此二万二十万の和学者歌学者の標準語より離れて、四千万同胞の標準語を定むる様尽力しないのであります。僅か三年より外教育をうけかぬる、それすらも中々むつかしいといふ、そのいとしい可愛相な我等の同胞にむかひて、今迄の国語学者は、幾度か又幾何程か涙を浮べました[23]。

と、上田が語る時、その思いを見ることができる。

もっとも、標準語確立の必要性、そのためになすべき方言研究の必要性を認識していたのは、上田一人ではない。既に触れた松下大三郎は、明治30年4月——上田が「標準語に就きて」を書いてわずか2年後、国語調査委員会の成立以前——に、方言文典といった内実を伴わせた上で、

> 国語は国家統一の一大要素なり。苟しくも一国家をなす、豈に標準語なくして可ならむや。……。然るに、我が国の標準語は、殆ど無名無実にして、文章語は各地に通ずれども、之を口に語るべくもあらず。東京の語は、殆ど各地各人に通

ずれど、未だ以て直ちに之を標準語とはなすべからず。余輩
は、標準語を定むる前には、各地方の方言を研究する必要あ
るを思ふ。(「遠江文典その一」『新国学』1巻8号、3頁―引用は、
徳田政信校訂『校訂日本俗語文典』付載の「遠江文典」による―)

と述べている。注目すべきであろう。

4.2　言文一致の問題

　上田万年の、普通教育を十全に遂行し、国語の大衆化を計ろう
とする志向性は、言文一致(口語体)の問題においても観察され
る。以下、言文一致の問題を取り上げ、上田の言説を少しばかり
見てみる。

　上田は、普通教育(初等教育)の命運が国家の命運を決定する、
という考えから、普通教育の十全なる発達・遂行を訴える。そし
て、教育の基礎は国語に在るという考えから、普通教育での国語
は、児童が接近しやすいものにすべきだ、という立場に立つ。標
準語の問題や文体(口語体・言文一致)の問題や、次節で触れる仮
名遣いの問題に対する、上田の考え・立場のありようは、総て基
本的に、普通教育の十全な遂行を計り、国語の大衆化を目指す、
といった上田の姿勢に発している。

　上田は、小学校の作文教授に関する著作の中で、作文教授の目
的を達するのがむずかしいのは、言文が二途に分かれているから
であるとした上で、

　　　小学校で作文教授の目的を達するのに、最も善き手段は、
　　　……小児に先づ言葉通りを書かせるのであります[24]。

と述べ、口語体の使用による作文を奨励し、さらに、

> 私は熱心に、尋常小学の国語科は、寧ろ高等小学のも、言文一致を以つて進めと主張致します。尤もかく主張致します以上は、当分の中地方の訛りなどが、文章の上に出て来ることも、なければならぬと覚悟するものであります。地方の訛りは、或は聞き苦しいこともありませうが、併し漢語だの洋語などの生噛みにしたのを使ふよりは、遥かにましであります[25]。

と述べ、小学校の国語は言文一致で行われるべきことを説いている。

　標準語の項で触れた、上田の方言への寛容さは、上引の文章からも分かるように、普通教育の場における言文一致の実現という主張と密接に関わっている。もっとも、言文一致だからといって、現実の話し言葉そのままを記せ、というわけではない。「言文一致とは、必ずしも日常のことば通りに、かくといふ事にてはなき事、読でわかり、聞いてわかり、書いてわかり、見てわかるを以て標準となす事」[26]と述べ、言と文との近づきを説いている。また、文を言に近づけるとともに、言にあっては、「言文一致の折の談話語は、決して今日の様な乱暴なものではなく、種々の点より彫琢を蒙つた上の者である事」[26]と、言の改良をも伴うものであることを説いている。さらに、言文一致の確立は、上田にあっては、単に文体の問題ではなく、国語の真の確立、普通教育の確立を意味していた。上田が、

…文章語は、漸々勢力を増してまゐります右の談話語に引付けられて、談話語の発達ともろともに体形を替へ、遂にはこれと一致いたして仕舞ひませう、又一致させてしまはねばなりませぬ。即ちさうなる時が、日本に真正の言語が出来る時で、同時に真正の普通教育が成立する時でもあります[27]。

と述べ、

我帝国には、未だ厳格なる意味にていふ、国語といふ者現存せざるにはあらざるか。而して其の所謂厳格なる意味にていふ国語とは、之を口に語り、之を耳に聞くときも、之を字に写し、之を目もて読むときも、共に同一の性質を有するものにして、かの文章上には使用すれども、談話上には毫も実用をなさず、談話上には使用すれども、文章上には未だその資格を公認せられざるが如き、国語の事にはあらざるなり。更にいひかふれば、言文一途の精神を維持し居る国語の事をいふなり[28]。

と嘆くのを聞く時、上田が言文一致に込めていたものを知る思いがする。

　ここで、言文一致における上田の実践を少しばかり見ておこう。上田は、明治22（1889）年グリム童話の一話を訳し、『おほかみ』と名づけ、吉川半七から出版している。その最後の方の一節をここに引く。

　やがて狼ハ起きあがり、あるきはじめたが、石が胃ぶくろの

中にあったから、咽喉がかハいてたまらなかった。そこで水
を呑まーうと思ッて、小川のふちへと出かけたが、あるくに
つれて、石が体の中でごろ〳〵した[29]。

のようなものである。また、「ハ」は「わ」と読み、「ッ」はつま
る音、「ー」は長音、といった表記上の注記が添えられている。
これは、また次節で触れる仮名遣いにおける上田の実践でもあ
る。

4.3 仮名遣いの問題

　最後に、仮名遣いをめぐっての上田万年の言説を取り上げる。
ここにも、普通教育の十全な発達・遂行を目指し、かつ国民語の
創出を計ろうとする、上田の志向性が読み取れる。

　明治33(1900)年8月20日の「小学校令改正」によって、小学
校に初めて「国語」という教科目が誕生し、翌日発布された「小
学校令施行規則」では、変体仮名の廃止、字音仮名遣いの改定、
長音符号「ー」の採用、漢字の制限が打ち出されることになる
(第16条)。上田万年は、当時専門学務局長——明治31年11月
から35年3月まで——として文部省の要職をも兼ねていた。ち
なみに、「小学校令改正」や「小学校令施行規則」に深く関わり
のある部局である普通学務局長は、沢柳政太郎であった。上田と
沢柳は個人的な友人でもある。文部省の打ち出した仮名遣い改正
案は、すぐには受け入れられるものにはならなかった。その後、
文部省は、明治38(1905)年3月、「文法上許容スベキ事項」や「国
語仮名遣改定案」「字音仮名遣ニ関スル事項」を、高等教育会議、
国語調査委員会に諮問し、帝国教育会、師範学校から意見を聞い

ている。字音仮名遣いの表音化やいわゆる棒引き符号を含む、この文部省の仮名遣い改定案には、民間から強い反対意見が上がった。井上頼圀、藤岡好古、三矢重松などが集まって、国語会を結成し、反対運動を推進した。国語会とは、奈良朝や平安朝の仮名遣いに復すべし、という保守的な団体である。また、新聞・雑誌もさかんに仮名遣い改定案に関わる記事・論説を掲載した。

　このような動きを受け、当時、国語調査委員会委員でもあり、教科書取調委員会委員でもあり、また高等教育会議臨時議員でもあった上田万年は、明治 38 年 5 月 20 日東京高等師範学校内国語学会で、「普通教育の危機」と題して講演を行い、仮名遣いのことを説いている。上田は、

　　……仮名遣は在来の儘で宜いと云ふことにしたくない。即ち改良論者に対して非改良を唱へて居る人々に向つて、積極的に仮名遣の改良しなければならぬと云ふことを、ざつと申述べて諸君の御批評を願ひました次第であります[30]。

と、この講演の目的を語っている。上田は、普通教育は普通の日本人が受けるもの[31]であり、そこで使用する文字や言語が専門学者の都合によって決定されてはならない、と述べる。そして、奈良朝平安朝の言葉に復すべし、という国語会の考えに対して、「…普通教育上に於て最も恐るべき、又有害なる論であると考へるのであります」[32]と批判している。普通教育で行われる仮名遣いは十分整理した易しいものでなければならないというのが、上田の主張である。

　上田の仮名遣いに対する希望は、明治の今の言葉によって仮

名遣いを整理し、「国民全般に行はるべき国民的の仮名遣を拵へる」[33] というものである。上田は、これを「国民的仮名遣」と称し、仮名遣いの整理事業に対して、

　　……日本人は貴族であつても、車曳であつても、同じ日本人である、同じ日本で呼吸をなす者の此五千万人を打つて一団とする、其国民的仮名遣を作る考で、手を着けて置かなければならぬと私は申すのである[34]。

と説くのである。ここに、国語の大衆化を計り国民語の創出を目指す、といった上田の姿勢を見ることができよう。

　もっとも、上田は、総ての人間に「国民的仮名遣」のみを使わせようとしたわけではない。普通教育は「国民的仮名遣」一本やりで行くものの、中等教育での「古流の仮名遣」(歴史的仮名遣い)の教授を考えていた。また、上田は、文部省の提案の総てに全面的に賛成であったわけではない。改定の精神には当然賛成ではあるが、文語にも中学にも直ちに改定案を実行するという点において、反対の意を表明している。

　その後、明治41(1908)年9月、文部省は上述の仮名遣い改定案を「小学校令施行規則」から削除することになる。後年、上田は、

　　吾人はかゝる問題(筆者注:国語国字問題)に於てはやはり敗軍の将である。将といふことが甚だ僭越であるならば敗軍の士卒である。現代に於て尽すべきことは尽したつもりであるが、社会は常にわれ〳〵に同情を表さなかつたのである[35]。

と述懐している。

　普通教育(初等教育)、ならびにそこでの国語、たとえば文体や仮名遣いに対する上田の言説には、教育の、普通教育と中等および高等教育への分断を固定化する、という危険性がないわけではない。そうではあるものの、当時の国語をめぐる言説の一般的なありようからして、やはり、上田のこの種の言説・姿勢は、国語の大衆化を計ろうとする志向性を持った、前向きなものとして評価してよいのではなかろうか。もっとも、上田万年の国語に対する姿勢が、この種のタイプのものばかりではないにしても。

注

1　吉田澄夫・井之口有一編『明治以降国語問題論集』風間書房(1964) 62 頁。読みの注の挿入は筆者。以下同様。

2　引用は、太田雄三『英語と日本人』講談社(1995)の 98 頁による。

3　引用は、『英語教育資料・4』東京法令(1980)の 371 頁による。

4　『上田万年言語学』教育出版(1975)の 19 頁と 135 頁から引用。

5　たとえば、一例として、『琉球教育』89 号(明治 36,11)の掲載された論文「言語ニ就イテ」に現れる「国家ヲ人体ニ譬フレバ言語ハ血液トデモ云フベキモノデ…」(『那覇市史・資料篇・第 2 巻中 3』124 頁)という文言や、昭和 14 年 6 月 20 日に開催された「国語対策協議会」での「抑々我ガ国語ハ我ガ国民ノ間ニ貫流スル精神的血液デアリマシテ、」という荒木文部大臣のあいさつ(『国語対策協議会議事録』1 頁)などが挙げられる。

6　時枝誠記『国語研究法』三省堂(1947)の 18 〜 20 頁参照。

7　『国語のため』(訂正増補版)の 12 〜 13 頁。

8　上掲書の 13 〜 14 頁。

9　『国語学の十講』通俗大学会の 36 〜 37 頁。

10　『国語のため』(訂正増補版)の 15 〜 16 頁。

11　上掲書の 25 頁。

12　これは、もと高等師範学校内国語学会においての講演である。引用は『国語のため 第二』冨山房(明治 36(1903))の 60 頁による。

13　『国語のため 第二』の 94 頁。

14　『国語のため 第二』の 96 頁。

15　『国語のため』(訂正増補版)の 61 頁。

16　『国語のため 第二』の 5 頁。

17　『国語のため 第二』の 10 〜 11 頁。

18　『国語学の十講』128 頁。

19　「教育上国語学者の抛棄し居る一大要点」(明治 28 年 1 月 12 日、大日本教育会での講演。『国語のため』(訂正増補版)所収)

20　上掲書の 78 頁

21　「教育上国語学者の抛棄し居る一大要点」上掲書の 84 〜 85 頁。

22　『那覇市史・資料篇・第 2 巻中 3』の 139 頁。

23　「国語研究に就きて」(明治 27 年 11 月 4 日、国語研究会での講演。『国語のため』(訂正増補版)の 45 〜 46 頁)

24　『作文教授法』が明治 28(1985)年に冨山房から刊行されている(附録を付した訂正再版本が明治 30 年に刊行)。引用は『近代国語教育論大系 2 明治期』光村図書(1975)の 178 頁による。頁数は『近代国語教育論大系』のもの。以下同様。

25　上掲書の 179 頁。

26　二つの引用共に、「教育上国語学者の抛棄し居る一大要点」『国語のため』(訂正増補版)の 88 頁。

27　上掲書の 87 頁。

28　「内地雑居後に於ける語学問題」『国語のため 第二』2 〜 3 頁。

29　『明治文学全集 44』(筑摩書房)194 頁からの引用。

30　この講演の内容は、『普通教育の危機』と題して、冨山房から明治 38 年 8 月刊行。引用は同書 76 頁。

31　明治 35 年度の文部省の統計から、尋常小学校 400 万、高等小学校 100 万、中学・高等女学校 12 万、大学 4 千、といった、就学者数を挙げ、上田は、国民の普通教育におけるあり方を示している。

32　上掲書の 11 頁。

33　上掲書の 58 頁。

34　上掲書の 72 頁。

35　『国語学の十講』188 〜 189 頁。

参考文献

B. アンダーソン　1991　『増補・想像の共同体』(白石さや・白石隆邦訳 1997、
　　　NTT 出版)

イ・ヨンスク　1996　『「国語」という思想』岩波書店

小熊英二　1998　『〈日本人〉の境界』新曜社

長志珠絵　1998　『近代国家と国語ナショナリズム』吉川弘文館

清水康行　1996　「上田万年をめぐる二、三のことども」『山口明穂教授還暦記
　　　念国語学論集』(明治書院)

亀井孝他(編著)　1965　『日本語の歴史 6 新しい国語の歩み』平凡社

日下部重太郎　1933　『現代国語思潮』『同続編』中文館書店

仁田義雄　1979　「松下大三郎の文法理論」『京都教育大学紀要 A』55 号

平井昌夫　1948　『国語国字問題の歴史』昭森社

増渕恒吉編　1981　『国語教育史資料 5 教育課程史』東京法令

文部省教科書局国語課　1949　『国語調査沿革資料』

安田敏明　1997　『帝国日本の言語編制』世織書房

山本正秀　1977　「上田万年博士と言文一致」『近代語研究 5』武蔵野書院

第 4 章

小林英夫と時枝誠記
── 言語問題への言説をめぐって ──

1　はじめに

　次に掲げるのは、二人の学者への新聞の死亡記事である（一部
省略）。

　　言語学者、東京工大名誉教授。5 日午後 3 時 35 分、腸がん
　　のため東京都清瀬市元町の武谷病院で死去、75 歳。……。
　　専攻は言語美学と文体論。著書に「美学的文体論」「言語学
　　通論」。訳書にソシュール著「言語学原論」などがある。

　　　　　　　　　　　　　　　　　（朝日新聞、1978、10、6、朝）

　　東大名誉教授。27 日午前 2 時、東京築地の国立がんセンター
　　で胃がんのため死去。66 歳。……。国語学者として著名で「国
　　語学史」「国語学原論」「日本文法」などの著書がある。京城
　　帝大教授、東大教授を歴任して早大教授。国語問題では表意
　　派の支柱であった。　　　　　（朝日新聞、1967、10、28、朝）

前者は小林英夫のものであり、後者は時枝誠記のものである（ち
なみに、時枝の死亡記事には写真が添えてある）。小林と時枝は、
京城帝国大学への奉職、ソシュールに対する態度・理解など、い
くつかの点で接点を持ち、浅くはない関係を有している。本章の
目的は、そういった小林と時枝が、言語問題に関して、どのよう
な立場を取り、どのように発言しているのかを見ることである。
そして、そのことは、同時代を生きた両者の有している言語思
想・言語観の一端を明るみに出すことにもなるだろう。さらに具
体的に言うならば、本章の目的は、従来、もう少し注目されても
よかった[1]と思われる小林英夫の、言語問題を中心とする言語思
想を、時枝誠記のそれと比べながら、明るみに出すことにある。

2　小林と時枝の年譜的略歴

　人は、ある社会・ある時代に生を受け、時代精神・時代思潮に
育まれ流され逆らいながら、具体的な生を生きていく。社会や時
代が課す状況論理・状況倫理から無縁に生きることは、極めて困
難である。人の学的営みも、その時代の時代精神・時代思潮や彼
が生きた具体的な生といったものから、解放されて存しはしな
い。学的営みの対象が、言語問題といった社会的な事象であれ
ば、このことは、なおさらであろう。したがって、小林と時枝の
言語問題をめぐっての言説を問題にするにあたって、まず、ごく
簡単に両者の生涯に触れておく。
　はじめに、小林英夫（こばやし・ひでお）の生涯を見ておく。

1903(明治36)年1月5日 東京に生まれる

1927(昭和2)年　東京帝国大学文学部言語学科卒業

1928(昭和3)年　『言語学原論』(ソシュールの『一般言語学講義』の訳)刊行

1929(昭和4)年　京城帝国大学法文学部講師(言語学・ギリシャ語)

1932(昭和7)年　同大学助教授

1937(昭和12)年　『言語学通論』刊行

1945(昭和20)年　敗戦により、着のみ着のままで東京に帰還

1946(昭和21)年　「文体論」に関する論文により京都帝国大学から文学博士

1947(昭和22)年4月　早稲田大学高等師範部専任講師(英語科)

1948(昭和23)年　同教授

1949(昭和24)年　東京工業大学教授(フランス語・言語学)

1963(昭和38)年　東京工業大学定年退官(同名誉教授)

1963(昭和38)年　早稲田大学教育学部教授

1973(昭和48)年　早稲田大学定年退職

1978(昭和53)年　10月5日 死去

　主要事項と思われるものを取り上げ、略年譜仕立てにした。学位論文は、『文体論の建設』(育英書院、1943)と『文体論の美学的基礎づけ』(筑摩書房、1944)の二書が主要部分をなすものであった。

　次に、時枝誠記(ときえだ・もとき)の生涯を同様に記しておく。

1900(明治33)年12月6日　東京に生まれる

1925(大正14)年　東京帝国大学文学部国文学科卒業

1927(昭和2)年　京城帝国大学法文学部助教授

1927年12月〜1929年4月　語学研究法研究のため、英・独・
　　　　　　　　　　　　仏へ留学

1933(昭和8)年　同大学教授

1940(昭和15)年　『国語学史』刊行

1941(昭和16)年　『国語学原論』刊行

1943(昭和18)年5月　東京帝国大学文学部教授

1943(昭和18)年　『国語学原論』により東京帝国大学から文
　　　　　　　　学博士

1961(昭和36)年　東京大学定年退官(同名誉教授)

1961(昭和36)年　早稲田大学文学部教授

1967(昭和42)年10月27日　死去

　時枝の生涯については、既にかなりの情報が明らかにされてい
る。まず、時枝自身の手になる学問的自伝といった『国語研究
法』(三省堂、1947)——後に『国語学への道』と改題した改訂版
が三省堂から、さらに、その校訂版が明治書院(1976)から刊行
されている——があり、近いところでは、鈴木一彦による「時枝
誠記伝」が『日本語学者列伝』(明治書院、1997)に収められてい
る。また、国語学会の機関誌『国語学』72号は、時枝誠記の追
悼号であり、時枝の年譜や著述目録が掲載されている。ちなみ
に、小林英夫については、日本言語学会の機関誌『言語研究』75
号に同氏に対する追悼文の執筆予告が出たものの、けっきょくは
書かれていない。

前掲の小林と時枝の略年譜を比べてみるだけでも、両者の結び
つき・接点がいくつも見えてくる。両者は、ともに、専攻は違う
とはいえ、東京帝国大学文学部を出ている。もっとも、時枝が、
私立暁星中学、第六高等学校、東京帝大へと、正統の道を歩んだ
のに対して、小林は、東京外語スペイン語部、法政大学仏文予
科、東京帝大言語学科選科、そして本科へ直っている。中学にし
ても、府立三中に入るが、中途退学し、専検に受かり、東京外語
に入る、という曲がりくねった経歴の持ち主である[2]。

　また、両者は、小林が奉職した 1929 年から、時枝が東京帝国
大学へ転出した 1943 年までの 14 年間、京城帝国大学法文学部
の同僚であった。小林は、社会的にはけっして恵まれていたとは
言えない。時枝が 32 歳で京城帝大の教授になったのに対して、
小林は、1932 年 29 歳で助教授になったものの、敗戦で京城帝大
を引き上げてくるまで、京城帝大では助教授のままであったよう
だ。時枝が敗戦による引き上げといった悲惨な思いを味わわずに
済んだのに対し、小林は、当時外地に居た多数の人たちと同様に、
総てを失って帰京したのである。引き上げ当時の小林の様子は、

　　終戦となり、バイイの岩波文庫本ただ一冊だけをリックに入
　　れられて、帰京。何日かして、軍靴に軍の外套といういでた
　　ちで、拙宅の玄関に立たれた先生の姿に接し、全くことばも
　　なかった。先生の全精力を費やされて蒐集された内外の貴重
　　な文献、それにも増して書き続けられたぼう大な論文は、
　　そのまま外地に残して、たった一冊の文庫本しか持ち帰れな
　　かったご心中を察すると、ただ、無言で先生の話を聞き入る
　　より外はなかった。　　　（沖山光「『小林英夫著作集』月報2」）

と、語られている[3]。引き上げ後、小林は1年少し浪々の身となる。時枝が東京帝大の教授であったのに比して、ずいぶんと辛い日々を送ったことになる。小林の言語問題に関する発言がこの期に多いのも、時代の要請ということもあろうが、浪々の身といった小林の事情も関わってのことであろう[4]。

また、学部は教育学部と文学部に分かれるものの、国立大学定年後の勤務校が、両者ともに早稲田大学であることにも、奇しきつながりを感じる。

既によく知られているように、時枝は、ソシュールの学説を主に小林の訳本・紹介をとおして、理解・吸収していた[5]。時枝のみならず、当時の、そしてその後の我が国の言語学界・国語学界に小林の訳業が与えた影響の少なくないことも、これまた既によく知られているところである。小林は、我が国にとって、西洋の言語学へのアンテナであり、レーダーであった。しかも、感度のよい正確なアンテナであり、レーダーであった。ソシュールやバイイやフレエ以外に、H. イェルムスレウ、N.S. トゥルベツコイ、H. シュハート、E. バンブェニスト、A.H. ガーディナー、K. ビューラーなどが、小林の手によって紹介されている。

3 言語問題をめぐっての小林英夫の発言

3.1 言語に対する基本的態度

小林英夫は、言語に対して、〈言語進化における個人意志の介入の可能性〉を信じ、〈実利主義的観点を踏まえた言語道具観〉[6]に立つ。前者には、小林の語るところによれば、K. フォスラーや Ch. バイイからの影響があるという[7]。言語に対する、この二

つの姿勢が、小林の言語問題に対する言説のあり方の基本路線を決定づけることになる。前者によって、言語は、働きかけ可能なもの、手を加えうるものとして捉えられ、後者によって、その働きかけ・変更が方向づけられることになる。

言語道具観は、「人間は社交的動物」「ことばは社交の道具だ」[8]といった認識から引き出されたものであり、実利主義的観点とは、

> ことばは、流通において存在する、流通をはなれては、そもそもことばというものは、どこにもない。またその価値も、流通性の大い（ママ）さにかかっていると考えるのだ。
> …ことばもまた、道具たるかぎり、道具意識をもっともすくなくして、効率を高めるときに、もっとも美しいものとなる。　　（「耳の文化へ」362頁、1947―頁数は『小林英夫著作集2』による、以下同じ、1947は発表年、以下同様）

と語られるものである。こういった言説に、小林の合理精神を見て取ることは容易であろう。この種の言語に対する実利主義的道具観が、小林の文字・漢字観にも反映していくし、彼の言語改革観の根底を形成している。そして、小林をして、国語が能率的に運営される状態への改革へと向かわせることになる。

言語進化における個人意志の介入可能性からは、

> さて現行のわれわれの国語が、こんにちわれわれの諸種の欲求をじゅうぶん充たすに足らぬようなものであるならば、民族の知能をしぼり情熱を傾けて、その完成に尽力すべきことは、われわれ自身の必要でもあり、われわれの子孫にたいす

る義務でもあろう。　　　　　（「純粋性か適応性か」243 頁、1941）

といった態度が発生することになる。こういった発言が、敗戦後
でなく、小林の名づける〈言辞主義〉の強かった戦前に行われて
いたことには、注目してよい。
　小林の言う〈言辞主義〉とは、言葉は、ユニークなものであり、
国民精神・コトダマが宿るものであり、尊厳にして犯すべからざ
るもの、といった考え方・姿勢であり、いわゆるコトダマ思想で
ある。コトダマ思想の一例として、

　　言葉は神である。……。言葉はやがて民俗の霊なのである。
　　……。到底人力によつて左右されるべき代物ではなく、人間
　　がそれを拝跪して奉仕すべきである。
　　（佐藤春夫「神としての言葉」『日本語』2 巻、3 号、巻頭言、1942）

といった言を挙げうる。コトダマ思想からすれば、言語改革に対
して、

　　国語国字の問題はむづかしい。……。一知半解の徒がこの至
　　難の問題を簡単明瞭に解決し去らうとする。……。優秀な愛
　　すべき国語を知らないほどの素人の改良論や、不可能な事を
　　可能と思つてゐる愚人たちの名案が実行案になりさうになる
　　毎に、われわれはまたしても国語の混乱の種がふえたとおそ
　　ろしいのである。……。国語は本来優秀だから改良を要しな
　　い。要するものはただ純化ばかりであらう。改良論者の引退
　　を待つ。　　　　　　（佐藤春夫「国語そのものに対する純粋な愛情を」

といった発言が出てくるのは、ごく自然な流れなのであろう。上述の小林の、言語は能率向上のために手を加えてよい、とする立場は、このようなコトダマ思想の言語観とは鋭く対立するものである。ちなみに、雑誌『日本語』の編集兼発行者は、福田恆存であり、福田恆存は、時枝誠記の市立二中時代の教え子である。

　小林の日本語改革論は、独断からといったものではなく、小林の様々な外国語の知識に根を有するものであった。対照言語学的観察・調査による相対的欠陥の認識に基礎を置こうとするものであった[9]。この点にも、小林の言語学者としての冷静さを見ることができ、注目してよい。

3.2　言語を民衆のものに

　小林の言語問題への様々な発言・言説を通じて、感じることができるのは、民衆・大衆へのまなざしである。なにもそれは、デモクラシーが事々しく口にされるようになった、言い換えれば、誰でもが民主主義を口にすることができるようになった敗戦後、急に現れたものではない。たとえば、小林の民衆の言葉に対する信頼・愛情は、

　　われわれ民族の新発展に即応すべき適応語としての将来の日本語は、なんらかの手段によって、よし純粋論者の怒りに触れようとも、なんとかして新しい相貌を身につけねばならないであろう。そのばあいわれわれのまず顧みてしかるべきものは、……、民衆語と地方方言のなかに謙虚にほほえんでい

る無数の巧みな美しい表現であろう。

（「純粋性か適応性か」247 頁、1941）

と述べられているところからも、知ることができよう。ここに、柳田国男がいわゆる「常民語」に注いだまなざしと同種のものを見て取ることは、さほど無理なことではなかろう。ちなみに、小林は、柳田と親交があり、柳田が主宰した雑誌『民族』にヨーロッパの方言学の紹介の寄稿を依頼されてもいる。また、多角的な「柳田国男論」をも物している[10]。

　小林の民衆の言葉への暖かいまなざし・信頼は、言葉を民衆の手に取り戻すべきだ、という主張を生み出すことになる。この主張は、

　　…国語は国民のものではなく、一部支配階級のものの専有物となっているのだ。
　　民主主義が憲法によって保証されようとしているこんにち、まっさきに人民のなすべき仕事は、意志表示の道具たる国語を、まず自分のものとすることでなければならない。

（「国語と国語教育」322 頁、1946）

と語られている。

　また、言葉を民衆の手に、といった主張は、言葉を平明に、といった主張を、当然の帰結として招来することにもなる。小林は、そのことを、

　　耳できいてわかることばばかりを使うこと、それらの配列

も、耳でたやすくとらえられるように整えること——このことを、げんかくに実行することが大切だ。学者も文士も、ペダントリーを振るいおとして、やさしいことばで、やさしい言いまわしで、ものをいうことを第一義とすることだ。

（「耳の文化へ」366 ～ 367 頁、1947）

のように述べている。こういった、言葉をやさしく・平明にすべきだという主張が、小林の用字用語改革や文体・文章改革への姿勢の根底にある。また、こういった姿勢は、伝統を重視し、言語の変更を嫌い過去の慣習を重んじる言語エリート主義と鋭く対立するものである。

【文化を民衆の手に】

さらに、言葉をやさしく平明にし、民衆の手に、といった姿勢は、

こんどの文化は、かれら（筆者注：有閑階級）の手を放れて、生産階級の手に移らなけりゃ、いけない。すべては、生産者の手によって、そして生産者のために、作られるべきだ。国語もこの線からはずれていいいわれは、ない。

（「未来の国語設計者」310 ～ 311 頁、1946）

と述べられているように、言葉のみならず、文化を民衆の手に、といった主張につながっていく。文化を、そして、その根底に存する言葉を民衆の手に、といった主張の背後には、言葉の問題は、言葉に止まらず、教育の問題、政治の問題に関連してくるという認識がある。外部の権威に寄りかかることなく、自己の良心・自己の心のうちにある合理的精神に基づき思考し行動するこ

とに、デモクラシーの基本を置く[11]、小林にあっては、言葉を平明にし民衆の手に取り戻すことは、民主主義の確立そのものに、大きく関わってくることになる。

　　すべての文字や言語の問題は、たんにそれだけの問題ではなくて、いつもそれを用いる人間の生活様式と関連してくる、ということだ。民主主義の確立のためには、まず文字や言語の簡易平明化が必要だといったが、逆にまたそれは、民主化が実行されなければ成功しない、ということになる。

（「文章談義」357頁、1947）

といった発言は、このことを明確に物語っている。

　そして、さらに注目すべきことは、小林の、言葉を民衆の手に、知識を大衆の手に、といった姿勢が、敗戦後──言い換えれば、この種の姿勢が状況に受け入れられ、歓迎されるような時代──になってから現れたのではなく、戦前──言い換えれば、この種の姿勢の表明が身の危険を招く可能性のあった時代──に、「知識が特権階級の私有でなく、ひろく民衆のものとなることが要求されつつあるこんにち」（「字面清掃」258頁、1943）と述べられているように、既に存在していたことである。

【子供へのまなざし】

　小林の、民衆へのまなざしは、また児童へのまなざしでもある。小林は、子供に暖かいまなざしを注いでいる。言葉の簡易平明化は、まず、将来を生きる子供たちのためにある。小林の子供へのまなざしは、

思うがままにしゃべり、しゃべるがままに書くことができるとしたら、児童は自己の表現力に自信をもつことができるだろう。児童に自信をもたせること、それがなにより大切なことなのだ。なぜかというに、なにごとにまれ、将来の理想世界は、若き世代によって建てられるからだ。

　われわれのような旧来の習慣になずんでしまった中年ものや老人たちの仕事はといえば、それは次の世を担うべき少国民のために、じゃまものを取りのぞき、地ならしを施してやることである。　　　　　　　（「国語運動の進路」287 頁、1946）

およそ国語国字の問題は、現在相手の問題というよりも、将来相手の問題です。成功のカギをにぎるものは次の世代です。ですからどこまでも、わたしは、児童本位の立場をとるべきだと信じます。　　　（「国語国字問題談義」293 頁、1946）

などの発言に、よく見て取ることができよう。言語改革を子供の立場に立って、子供のために行うべきだ、という小林の姿勢は、言語エリート主義の反対を行くものであり、言語に手を加えることを、伝統文化の継承に支障をきたす、として反対する立場に対立するものである。伝統の継承を主張すること自体、悪いことではない。ただ、伝統の継承が、誰のためになされ誰に益するのか、また、どのような負担を強いるのか、といったことへの考慮がなされなければならない。伝統の重視・伝統の継承への主張は、つうれい現在の少数の権益保有者を益することになる。小林は、この点から、自己の権益の温存に動く国語学者や文士を批判することになる[12]。小林の立場は、過去にではなく、未来に子孫により責任を持とうとする立場である。

【書き言葉での改革を】

　言葉の簡易平明化は、自分で物を考え、自分の考えで行動し、思うところを意のままに言い表すことのできる人間を、なるたけ過大な労力を費やさず、できるだけ多く作り出すことをめざしている。そして、このことが、言論の自由を拡大し、社会の民主化を招来することにつながる。言葉の力を民衆が獲得するようになることが、小林の言語改革への目的であり、主張である。話し言葉が周りから自然と獲得されるのに対して、書き言葉の習得は意識的営みである。思想や意志の通達といった言葉の社会的働きにとっては、書き言葉が大きな役割を演じる。言葉の社会的働き・社会的力に書き言葉が大きな位置を占めることによって、書き言葉の専有が言葉そのものの専有につながっていく。話し言葉の専有は、母語を禁じられ、未習得の外国語を強要される場合でもないかぎり、文字どおりには生じない。この意味において、言葉を民衆の手に取り戻すとは、書き言葉を自分たちのものにすることである。言語改革にとって文字が問題になるのも、このことと関係がある。

　小林も、また、「ハナシコトバの教育も、むろん重要な問題だが、いっそうさしせまった問題は、標準文語の問題のほうだ。」（「国語と国語教育」321頁、1946）、というふうに、教育や改革の対象になる言葉として、より重要なのは書き言葉である、という認識を有している。書き言葉の問題としては、表記・文字と文体・文章類型が問題になる。そして、書き言葉の平明化としては、表記・文字の平明化と文体・文章類型の統一・平明化が課題になる。書き言葉の平明化のために、小林は、

……いわゆる文語体なるものはぜったいに及第しない。あらゆる方面に、ぜひとも口語体を使うようにすべきだ。

（「国語運動の進路」285 頁、1946）

と主張することになる。より広範な統一化・標準化を受け、高い格づけを与えられるのは、書き言葉の方である。標準化の高さは、また習得の労力の多さにもつながる。高い標準化を有し、習得には多大の労力を要すればこそ、かえって、書き言葉は平明であるべきだろう。書き言葉が多数の人間の手に渡るためにも、書き言葉に対する標準化の敷居は、高いものであってはならない。明治以降の言文一致への努力も、標準化であり、その平明化であった。したがって、小林が言うように、書き言葉に口語体が要求されるのは、歴史的な流れであり、ごく当然である。しかし、逆に、

　口語体とは口語の文体の意である。それは常に文体としての形と整ひを要求されるし、その形と整ひの規範は、実質的にも歴史的にも文語体にあるのだ。すなはち、口語文とはあくまで文語文のくづれ、ないし変奏にほかならないのである。

（丸谷才一『日本語のために』新潮社版(1978)、35 頁）

といった主張が、現在でも存することは、注意すべきこととして、心に留めておいてよい。

3.3　小林の表記・漢字観
　言葉を民衆の手に取り戻すとは、書き言葉を手にすることであ

る。そのためには、書き言葉は簡易平明でなければならない。言葉の、特に書き言葉の簡易平明化をはかるのが、言語改革の眼目である。このような基本姿勢のもとに、国語問題に対して発言を続けたのが、小林英夫である。したがって、小林の表記や漢字に対する態度は、明確である。表記の簡易平明化の推進が小林の主張である。

　小林は、

　　文字は要するに言語を書きうつす道具にすぎない。道具はできるだけ扱いやすく、しかもできるだけ多くの効率をあげるのが、身上だ。

　　　　　　（「九年後の不安─教育漢字制限について」369頁、1947）

といった文字観を示し、

　　語音表記の理想的条件としては、たやすく学習ができ、簡便に常用され、明瞭的確で、しかも現代人の音韻意識を忠実に写しだす性能のあることが、あげられる。

　　　　　　　　　　（「現代かなづかい・解説と批判」329頁、1946）

といった表記観を述べている。こういった文字観・表記観の根底には、既に触れた小林の「実利主義的言語道具観」がある。小林は、実利主義的言語道具観に立ち、言葉を、特に書き言葉を民衆の手に取り戻すため、表記の簡易平明化を主張することになる。具体的には、1946年9月に答申された「現代かなづかい」(1946、11、16、内閣訓令として公布)について、

こんどの改正案は、……、従前の古典式に比べて、国民の負担をかるくし、文化の進展に貢献すべきことは、うたがう余地もない。　　（「現代かなづかい・解説と批判」330 頁、1946）

と賛意を表し、また、

むずかしい漢字をできるだけへらし、またその制限漢字も、なるべく多音多訓のよみ方をやめて、学習にも記憶にも筆写にも、できるだけらくなものにするにかぎる。

（「兎を殺せ、角を折れ」341 頁、1947）

と述べている。小林は、現今の音韻意識により近づいた「かなづかい」を支持し、漢字の制限を訴え、行き着く目的として、漢字の全廃[13]・表音文字の採用を意図していた（もっとも急激な改革を意図していたわけではない[14]。また、小林自身最後まで漢字の全廃を意図していたかは定かでない）。

　小林の主張の根底には、言葉、特に書き言葉の民衆への解放を、といった姿勢がある。これは、また、既に触れたように、きたるべき未来の人間に、より負担の少ない平明な言葉を残そうする姿勢でもある。小林が、

国字は、古典をよむためよりも、第一にわれわれ自身の日常使用のためのものだ。現代人と古人とを結びつける役割よりも、現代人と後世とをつなぐ役割のほうがいっそう大きいことを、自覚すべきだ。

（「改正かなづかい案とその見通し」333 頁、1946）

と述べるのは、そういった態度の一つの現れである。伝統の継承への支障という理由から、字体やかなづかいの改変に反対する立場とは明確に対立するものである。

　小林は、漢字偏重・漢字崇拝の意識に封建的特権意識の現れを見て取り、

> われわれはまずこの意識（筆者注：漢字崇拝意識）からつぶしてかからねばならぬ。カナで書くことはなんら恥ずべきことではない。ものの真相をさとり、それをできるだけ正確にかつ平易に人につたえることができることこそかなめであり、末梢的な、ただむずかしい漢字を人より多く知っているということに自己満足しておって、それが道徳的になんら美しくも良くもない行為であるということを悟らぬことこそ、まず恥ずべきではないか。
>
> （「国字問題」276 頁、1946）

と述べている。漢字を本式のものに考え、かなを仮のものと考える意識が、すぐさま封建意識に結びつくかいなかは、別にして、母語教育でのかなりの精力が漢字の習得に費やされるとしたら、それは母語教育の貧困であろう。表記の具の獲得に教育のかなりの時間が費やされ、思うところを十分に言い表す能力の獲得にまで行かなかったとしたら、それは、書き言葉からの、そして言葉からの民衆の締め出しにほかならない。言葉の民衆への解放のためには、書き言葉は、誰からも接近しやすい状態に置かれているべきであろう。

　漢字に対する小林のこういった考え方は、敗戦後になって現れたものではない。

文字を知ること、それが学問であることを意味した時代は、とうに幕を閉じている。ものそのものへ！文字は要するに道具であり、自己の抵抗力を極力無へと還元すべきがその宿命であり、理想なのであり、また、そうあらしめなければならない。

（「字面清掃」258頁、1943）

と述べられているように、既に戦争中から小林の主張するところであった。

　小林の言語問題に対する言説は、言葉を民衆の手に、という姿勢のもと、そのことを可能にするために、文体・表記の簡易平明化をはかる、といった観点からなされたものである。また、小林の言語問題に関する言説は、戦争中も敗戦後も基本的に変わりはない。状況論理・状況倫理に流されやすいのが人であることからすれば、このことも、注目すべき点であろう。

4　言語問題をめぐっての時枝誠記の発言

4.1　国語問題協議会

　1959年に発足した国語国字問題を考える集まりに「国語問題協議会」という会がある。この協議会は、その発会の宣言の中で、戦後の国語政策を「単純な便宜主義の立場から国語の本質を無視し性急に国語表記の簡易化を計らうとしたものである。」(『国語問題協議会十五年史』99頁)と批判している。発会宣言は、また、その行動目標の一つに、

「言語道具説、表音主義が古い自然主義的言語観に発し世界の

新しい趨勢に背くものであることを明らかにし、正しい言語観の確立と啓蒙につくすこと。」(『国語問題協議会十五年史』101頁)といったことを掲げている。このことからも、この会の基本的立場が、実利主義的言語道具観に立つ小林英夫のそれと鋭く対立するものであることが推察できよう。

この会の中核メンバーの一人である福田恆存は、小林の著した『未来の国語設計者』(振鈴社、1948)に対して、

> 仮りに「ダイトーア戦争」なるものによつて、精神に多少の異状を来したとしても、小林を一人前の学者として見る時、何とも滑稽なものを感じさせる。　(『国語問題論争史』290頁)
> 山本有三の経済的援助によって戦後の困窮を切抜けると同時に、山本によつて洗脳されたわけである。
>
> (『国語問題論争史』291頁)

といささか感情的な批評を加えている。

また、時枝誠記も、この会の中心的なメンバーの一人であり、彼は、国語問題協議会の研究調査報告にあたる『国語問題のために―国語問題白書―』(東京大学出版会、1962)を書き著している。

4.2　国語問題に対する時枝の基本的態度

時枝誠記の国語問題に関する言説の中核は、『増訂版・国語問題と国語教育』(中教出版、1962)に収められている諸論に見ることができる。したがって、以下、同書によって、時枝の国語問題に対する発言を見ていくことにする。

国語問題に対する時枝の基本的態度としては、「主体主義」と

「歴史・伝統主義」とここで仮に名づけるものが、彼の言説から取り出せるだろう。

主体主義とは、

> 国語が問題とされるのは、国語を実践する主体的立場に於いてである。……。もし国語が、客観的には不完全に見える場合でも、言語主体がそれで満足してゐる限りは、国語問題は発生し得ない。例へば、難解な文章を、自己の理解力の不足に帰したり、又は難解なことを文章の優れてゐる所以に帰してゐる間は、それに問題を感ずることはあり得ない。
>
> （「国語問題に対する国語学の立場」32〜33頁、1947─
> 頁数は『増訂版・国語問題と国語教育』による、以下同様）

と語られるものである。このような立場に立つことによって、国語問題の発生は、客体的な言語そのものにあるというよりは、具体的な言語行為を実践する個々の言語主体の主体的意識にある、ということになってしまう。そして、このことは、言語問題およびその解決が、言葉の改革よりも、個人の資質の問題に帰せられる危険性をはらんでくる。

また、歴史・伝統主義とは、

> 言語が歴史的事実であり、常に伝統の上に立つて発展して行くものである以上、この歴史性と伝統性とを無視した解決法といふものはあり得ない筈である。
>
> （「国語問題に対する国語学の立場」47頁）

と述べ、

> 歴史的解決法とは、言語の根本的性格である歴史的連続性と
> いふ最も具体的な事実に即して問題を解決して行かうとする
> 方法である。
>
> （「同」48頁）

と語るものである。これは、大幅な改革を望まない姿勢であり、
さらに言えば、改革による伝承への混乱に対する危惧から、なる
たけ、前の時代の言語との同一性・恒常性の保持に努めようとす
る立場でもある。

4.3 国語教育への注文

　時枝は、上でも触れたように、国語問題は、言語主体が言語行
為において抵抗や障害を感じることにおいて発生する、とする立
場を、基本的に取る。これは、抵抗や障害を感じなくてすむ状態
に改めれば、国語問題も克服できる、という立場を招来すること
になる。ここに、国語教育へのある種の注文が生まれることにな
る。時枝の国語教育に対する注文は、

> 国語の教育にも学習にも力を注ぐことなしに、国語が困難で
> あるとか、非能率的であるとか云つても、それが国語問題と
> して取上げるに値するかどうかは疑問である。国語問題とい
> へば、直に国語の改革を意味するやうに考へるのは軽率な態
> 度であつて、国語問題のあるものは、教育の力と学習の方法
> によつて克服されねばならないのである。
>
> （「国語問題について」56頁、1948）

と述べられている。さらに、伝統主義をも踏まえて、時枝は、国語教育の目的、および国語教育と国語政策との関連について、

> 国語教育の営みは、国語の伝統的用法を踏みはづさないやうに生徒を訓練することであつて、国語教育の目標は、同時に国語政策の目標でなければならないのである。

（「「かなづかひ」の原理」180 頁、1961）

と述べることになる。この時枝の発言は、子供の表現力の拡大のために、言葉の簡易平明化をはかろうとする、小林の立場とは、大きく異なるものである。時枝は、言葉の標準化・統一化の敷居を高いところに設定したままである。

4.4　歴史・伝統主義からの帰結

　時枝が言葉の標準化の敷居を低くすることに、直ちに賛同しない背景には、表記や文字での簡易化は、かえって国語の複雑化を招き、教育を混乱させることになる、という考えがある[15]。表記面での平明化という言語改革が、必ずしも言語そのものの簡易化にならない、とする根拠に、時枝は、言語の社会的機能を持ち出す。言語の社会的機能とは、思想や文化を伝達・継承する機能のことであり[16]、また、相互に思想感情を伝達し理解しあう働きである。時枝は、このことから、

> このやうな言語の重要な役目をはたすためには、出来るかぎり在来の習慣に従ふことが必要なのであつて、ここに言語の伝統性といふことが出て来ることになるのである。

（「国語問題について」66 頁、1948）

　　言語に於いては、伝統に従ふといふことが即ち言語を合理化
　　することになるのである。　　　　　　　　　（「同」67 頁）

と述べ、言語の伝統性を取り出してくる。時枝にあっては、伝統
性は、言語にとって極めて重要なものであり、それを守ること
が、言語を正しく運用し、言語を合理化することになる、といっ
たものであり、また、その内実の中核は、言語の、特に表記面で
の一定性・恒常性を保つことにあった。さらに、このことから、

　　…国語改革の目標は、何よりも国語について正しい伝統を確
　　立するところにあり、それは根本に於いて国語生活を円滑に
　　遂行させることとなるのである。

（「国語仮名づかひ改訂私案」147 頁、1948）

のように、時枝のめざす国語改革の方向性・目的が引き出される
ことになる。時枝のめざす国語改革の方向は、「便利とか、簡易
とかではなくて、秩序の保持」（「国語の交通整理」217 頁、1946）で
あり、逆に、簡易化そのものが、様々な書き表し方を一つにする
こと、言い換えれば、秩序を確立することによって達成されるこ
と、つまり、「統一といふことが、簡易化の重要な点である」（「漢
字政策上の諸問題」194 頁、1951）ということになる。
　国語改革に対して、このような立場に立つ時枝にとっては、戦
後、さらに言えば明治以来の国語政策は、問題の多いものに写る
ことになる。時枝は、

> 明治以来の国語改革である字形の変改や表記の表音化は、一
> 見、国語の簡易化のやうに見えて、実は、……、却つて国語
> の複雑化を招き、教育の基準を混乱させる結果となつたので
> ある。　　　　　　　　　　（「国語政策と国語教育」97頁、1961）

と述べ、明治以来の国語改革を批判する。

　もちろん、「「現代かなづかい」のとつてゐるところの仮名づか
ひ法の基本方針は、国語を混乱に導くもの」（「漢字政策上の諸問題」
187頁、1951）、「「当用漢字」といふ非合理的な漢字政策」（「同」
195頁）、といった文言から明らかなように、時枝は、戦後の〈現
代かなづかい〉にも〈当用漢字〉にも反対であった。

　言語が、伝統を有し保守的存在であること、しかも、法律や社
会制度と異なって、容易に変革を受けつけない、一つの制度であ
る、ということは、時枝のみならず、つうれいの言語研究者には
自明のことであったろう。ソシュールの紹介者でもある小林英夫
にとっては、この種のことは言わずもがなのことであろう。伝統
が重要な位置を占めていること、したがって、言語には容易に人
の手による変更を加えがたいことを認めた上で、小林と時枝の言
語改革に対する姿勢は異なっていた。小林は、言語進化における
個人意志の介入の可能性を信じ、言語の平明化をはかり、言語、
特に書き言葉の民衆への解放に努めることが、言語の機能・価値
を高めることになる、という立場に立つ。それに対して、時枝
は、「昨日の国語が今日も理解され、今日の国語が明日も理解さ
れる」（「国語国字政策論の盲点」229頁、1960）ためにと、伝統・慣習
の維持を主張する。言語の簡易平明化のために、習慣の改変を主

張する小林にあっても、時枝の言う理解の維持は、当然であり前提であったろう。理解の維持を破壊するような改変は、言語であるかぎり行いようがない。結局、時枝は、言語の伝統性を持ち出すことによって、言語の民衆への解放を押し止める役回りを演じてしまっているのである。

注

1　小林英夫の言語問題を中心にした言説については、既に、立川健三「OUR OU CONTER SAUSSURE? －未来の国語設計者・小林英夫の言語学思想について－」(『現代思想』22 巻、9 号、1994)がある。

2　「言語症患者自己診断録」「わたしはどうして言語学をみつけたか」(『小林英夫著作集 10』所収)、参照。

3　小林の引き上げ後の様子については、他に波多野完治や島田謹二が、小林の著作集への「月報 1」「月報 3」で触れている。

4　このあたりのことは、『小林英夫著作集 7』の著作集への総序の「一九四五年。敗戦。外地からの引揚げ。地位も財産(蔵書が中心)もすべて失ったわたしは、自分と家族と、四つの口を糊するために、こんどはジャーナリズムの一角に身を投じて、国語問題や作家論を書きまくった。」という記述、参照。

5　『小林英夫著作集』「月報 2」での三宅徳嘉の文章をも参照。

6　「耳の文化へ」(『小林英夫著作集 2』)などでの記述、参照。

7　「シャルル・バイイの国語教育学説」(『小林英夫著作集 2』、8 頁)で、小林の語るところである。

8　「耳の文化へ」(『小林英夫著作集 2』361 頁)、参照。

9　「言語政策と日本語－対照言語学的方法を－」(『小林英夫著作集 2』所収、著作集収録に際して「国語から日本語へ」と改題)を参照。

10　「柳田国男論」(『思想の科学』2 巻、2 号、1947)

11　「未来の国語設計者」(『小林英夫著作集 2』307 頁)、参照。

12　「未来の国語設計者」(『小林英夫著作集 2』313 頁、および、317 ～ 318 頁)を参照。

13　「国語国字問題談義」(『小林英夫著作集 2』290 頁)、参照。

14　「コトバや文字の問題は人間の文化活動にかんするものなるがゆえに、政
　　治や法律とはちがい、急激な改革がおこなわれにくいことを、よくのみこ
　　んでおかねばならぬ。……、若き世代とより老いたる世代との結びつきを
　　ぜんぜん断ち切ることは、国民をも家庭をも両断してしまうわけであるか
　　ら、策をえたものではない。」(「国語運動の進路」289 頁、1946)、参照。

15　「国語政策と国語教育」(『増訂版・国語問題と国語教育』97 頁)、参照。

16　「「かなづかひ」の原理」(『増訂版・国語問題と国語教育』180 頁)、参照。

参考文献

国語問題協議会編　1975　『国語問題協議会十五年史』国語問題協議会

福田恆存　1962　『国語問題論争史』新潮社

第5章

自民党文教（制度）調査会と
国語施策

1　はじめに

　本章の目的は、筆者が入手した自民党文教（制度）調査会「国語問題に関する小委員会」に関する資料を紹介しながら、戦後の国語施策の歴史を概観し、同小委員会が作成した報告「国語問題についての結論」に対する文部省の対応、および同報告の後、国語国字問題に対してどのような提言・施策が国語審議会等で打ち出されていったのかを粗々と見ていくことにある。

2　戦後国語施策概略年表

　自民党文教調査会の中に「国語問題に関する小委員会」が設けられた契機・動機を知るためにも、国語国字問題に対して戦後どのような施策が提言・採用されてきたのかを見ておくことが必要になろう。そのため、以下に戦後の国語国字に対する施策の歴史の概要を年表風に記しておく。

1946 年 3 月、第 1 次米国教育使節団来日。提出報告書の中に「国語の改革」(第 2 章)を含む。

1946 年 9 月、国語審議会(会長安倍能成)第 11 回総会で「**現代かなづかい**」を議決、文部大臣に答申。

1946 年 11 月、国語審議会第 12 回総会で「**当用漢字表**」を議決、文部大臣に答申。

1946 年 11 月、「当用漢字表」(内閣告示第 32 号、同訓令第 7号)「現代かなづかい」(内閣告示第 33 号、同訓令第 8号)を公布。

1947 年 9 月、国語審議会第 13 回総会で「**当用漢字別表(教育漢字)**」「**当用漢字音訓表**」議決、文部大臣に答申。

1948 年 2 月、「当用漢字別表」(内閣告示第 1 号、同訓令第 1号)「当用漢字音訓表」(内閣告示第 2 号、同訓令第 2号)を公布。

1948 年 6 月、国語審議会第 14 回総会で「当用漢字字体表」を議決、文部大臣の答申。

1949 年 2 月、文部省「教科用図書検定基準」を定め、「当用漢字別表(教育漢字)」「当用漢字音訓表」「現代かなづかい」の適用を謳う。

1949 年 4 月、「当用漢字字体表」(内閣告示第 1 号、同訓令第1 号)を公布。

1949 年 6 月、文部省設置法に基づき国語審議会を改組、文部大臣の諮問機関から建議機関に。

1949 年 7 月、国語審議会(会長安藤正次)第 17 回総会で「中国地名・人名の書き方の表」を議決、文部大臣の答申

1950 年 4 月、前年 7 月に公布した国語審議会令公布を廃止

し、新たに「国語審議会令」を制定。

1950年6月、第1期国語審議会(会長土岐善麿)第7回総会で「国語問題要領(国語白書)」を決定し、文部大臣に報告。

1950年8月、第2次米国教育使節団来日。9月に提出された報告書の中に「国語の改革」(第6章)を含む。

1951年5月、第1期国語審議会第11回総会で「**人名漢字について**」を議決、文部大臣・法務総裁に建議。「人名用漢字別表」(内閣告示第1号、同訓令第1号)を公布。

1951年10月、第1期国語審議会第12回総会で「公用文改善の趣旨徹底について」を総理大臣、文部大臣に建議、「**公用文の左横書きについて**」を総理大臣に建議。

1952年4月、「公用文作成の要領」を依命通達。

1952年4月、第1期国語審議会第14回総会で「**これからの敬語**」を議決、文部大臣に建議。

1953年3月、第2期国語審議会(会長土岐善麿)第18回総会で「ローマ字つづり方の単一化について」を議決、文部大臣に建議。

1954年3月、第2期国語審議会第20回総会で「当用漢字表審議報告(当用漢字表の補正案)」を承認、文部大臣に報告。

1954年12月、「ローマ字つづり方」(内閣告示第1号、同訓令第1号)を公布

1958年4月、言語政策を話し合う会(後の言語政策の会)結成。

1958年11月、第4期国語審議会(会長土岐善麿)第37回総

会で「**送りがなのつけ方**」を議決、文部大臣に建議。

1959 年 7 月、「送りがなのつけ方」「『送りがなのつけ方』の
実施について」(内閣告示第 1 号、同訓令第 1 号)を公
布。

1959 年 11 月、国語問題協議会結成。

1961 年 3 月、第 5 期国語審議会委員宇野精一・塩田良平・
成瀬正勝・舟橋聖一・山岸徳平の 5 氏審議会脱会。

1962 年 4 月、国語審議会改組、建議機関から諮問機関へ。

1966 年 1 月、自民党政調文教制度調査会に「**国語問題に関
する小委員会**」を設置

1968 年 5 月、自民党政調文教制度調査会・国語問題に関す
る小委員会「**国語問題についての結論**」を報告。

1981 年 3 月、第 14 期国語審議会(会長福島慎太郎)最終総会
で「**常用漢字表について**」を可決、文部大臣に答申。

1981 年 10 月、「常用漢字表」(内閣告示第 1 号、同訓令第 1 号)
を公布

1986 年 3 月、第 16 期国語審議会(会長有光次郎)最終総会で
「**改定現代仮名遣い**」を可決、文部大臣に答申。

1986 年 7 月、「改定現代仮名遣い」(内閣告示第 1 号、同訓令
第 1 号)を公布。

などが、敗戦から 1990 年に至るまでの国語施策の主なものであ
る。1946 年の「現代かなづかい」「当用漢字表」から 1949 年の
「中国地名・人名の書き方の表」までは、管制に基づく諮問機関
として国語審議会からの答申・建議であり、1951 年の「人名漢
字について」から 1958 年の「送りがなのつけ方」までが、国語

審議会令に基づく建議機関として国語審議会からの建議であり、1981年「常用漢字表について」、1986年「改定現代仮名遣い」は、再び諮問機関になった国語審議会からの答申である。

　「現代かなづかい」「当用漢字」「教育漢字」「当用漢字音訓表」「当用漢字字体表」などが戦後の代表的な国語施策である。「現代かなづかい」は、現代語音に基づいて現代語を書き表す場合の準則であり、「当用漢字」は、法令・公文書・新聞・雑誌など一般社会で使用する漢字の範囲を1850字に定めたものである。さらに、「教育漢字」は、義務教育期間中に読み書きできるよう指導すべき漢字の範囲881字を定めたものであり、「当用漢字音訓表」は当用漢字の音訓使用のおおよその範囲を定めたものであった。また、「当用漢字字体表」は、当用漢字の字体の標準を示したものであり、いわゆる新字体と呼ばれるもので、従来の俗字や略体を大幅に取り入れたものである。施策の基本的な方向は表記の簡易化にあった。

　当然こういった方向について反対がなかったわけではない。1954年の「当用漢字表の補正案」の審議にあたっての、「なお、現在の当用漢字そのものは、その処置が強要的な印象を世間に与えたことも考慮して、その態度を是正する気持ちもある」という土岐会長の発言は、そういう状況に配慮してものであろう（第20回審議会議事要録）。さらに、1958年「送りがなのつけ方」が建議される前後から、戦後の国語施策について賛否双方の立場から活発に様々な意見が提出されることになる。「送りがなのつけ方」は、送りがなのよりどころとして提案されたものであり、誤読のおそれのないよう、基本的に送りがなを多めに送るといったものである。また、審議会の方向性に対して反対の意見を持つ5委員

が、委員選出方法をめぐり、「表音主義的な主張をもつ人が、その主張をあくまで貫こうとするかぎり、国語審議会を正常な状態にもどすことはできないものと考える。……。このような状態のもとで行なわれる互選は、前にも述べたように、永久政権を続けるにすぎないものであるとして、われわれ5人は、退場することにした」と述べ、1961年3月22日に開催された第42回[1]の審議会総会の会場から退出するという事件が起こる。

3　自民党文教(制度)調査会・国語問題に関する小委員会

3.1　活動の記録

　筆者がたまたま手に入れた資料は、和文タイプ・湿式コピーによる書類が簡易な表紙を付され仮綴じにされている。書類は1966年3月14日に小委員会で配布された資料に始まり、1969年3月26日の小委員会議事要旨および当日配布された資料で終わっている。また、書類の中には、上部に文部省の文字が入った罫線入りの用紙に手書きで書かれた聴取意見の概要、さらに文部省担当部局による回答原案などが綴じられている。文部省の担当部局の関係官の資料と思われる[2]。

　「国語問題に関する小委員会」は、既述したような国語審議会の審議の方向性、戦後の国語施策の基本的なあり方に危機感を感じた自民党の議員たちによって、1966年1月25日に自民党政調文教調査会に設置されたものである。文教調査会会長は坂田道太、小委員会委員長は森田たま、委員は、委員長を含め、衆参両院の13名の議員からなる。委員の中には後(1974年4月)に自民党政務調査会に試案「外国語教育の現状と改革の方向」を提出す

る平泉渉もいる。文教調査会が文教制度調査会となるに従い、同小委員会は、文教制度調査会の所属となり、1968年5月16日に文教制度調査会に「国語問題についての結論」を報告している。

　以下が報告提出までの小委員会の活動の記録である。

　　1966年1月25日、政調文教調査会に「国語問題に関する小委員会」を設置。

　　66年1月28日、初会合。

　　66年2月15日、「委員会の運営等について」という議題で会合。

　　66年3月14日、「国語政策の経過について」という議題で会合。

　　66年4月6日、東京外国語大学教授金田一春彦、教育評論家石黒修両氏より「国語は乱れていない」とする立場から意見聴取。

　　66年6月1日、作家杉森久英氏より「国語は乱れている」とする立場から意見聴取。

　　66年6月21日、学習院大学教授大野晋氏より「国語は乱れている」とする立場から意見聴取。

　　66年11月11日、文教制度調査会にて森田タマ小委員長、「各国における国語の取扱いについて」帰朝報告、同じく「国語問題に関する小委員会中間報告」を行い、諒承さる(同時に文部大臣に申し入れを行う)。なお、従来の文教調査会は文教制度調査として新しく発足、当小委員会は引続き存続することを決定・諒承。

　　1967年5月31日、朝日新聞社論説委員扇谷正造氏より意見

聴取。

67 年 6 月 20 日、産業能率短大教授松坂忠則氏より「戦後の国語施策の支持者」としての立場から意見聴取。

67 年 12 月 15 日、国立国語研究所長岩渕悦太郎氏より意見聴取。

1968 年 4 月 24 日、国語審議会委員木内信胤氏より意見聴取。

68 年 5 月 15 日、「国語問題についての結論(案)」を検討・決定。

68 年 5 月 16 日、文教制度調査会に「国語問題についての結論」を報告。

計 12 回の会合を行っている。以上から、忙しい自民党の議員たちから構成された「国語問題に関する小委員会」が 2 年半に満たない年限で多方面からの意見聴取など極めて精力的に活動したことが分かろう。国語問題が政治家の関心を集める問題でもあったのである。

3.2　国語問題に関する小委員会からの文教制度調査会への報告

　1968 年 5 月 16 日、国語問題に関する小委員会が自民党政調文教制度調査会に「国語問題についての結論」と題して行なった報告の内容は、以下の通りである。

　　当小委員会は、「国語問題は、その重要性に鑑み明治以来検討されてきたところであるが、終戦後の処理は余りにも慎重を欠いた憾みはなかつたか、更に国語審議会での審議の結果実施された国語の諸施策が、果たして国民のためのもので

あつたかどうか、また行政的に行き過ぎてゐないだらうかといふ点について、国民政党である我が党の立場から究明し国語政策のあり方を示し、その方向付けを行ふ」との趣旨のもとに検討を加へた結果、次のやうな結論に達した。

一、　国語表記については、「国語は、漢字仮名交り文を表記の基本とする」旨の文部大臣諮問(昭和四十一年六月)の趣旨を尊重すべきである。

二、　具体的な問題点について

（イ）　当用漢字表

当用漢字表及び当用漢字別表(教育漢字)の制限は、思ひきつて緩和すべきである。

（ロ）　当用漢字字体表

字体については、正しい字体を基本とし、新字体は便宜的なものとして扱ふべきである。

特に、人名・地名等の固有名詞については、（イ）、（ロ）の趣旨を尊重すべきである。

（ハ）　仮名づかひ

歴史的仮名づかひは、文化の流れに即した伝統的な語法に基いた優れた表記法として、これを尊重すべきである。

（ニ）　当用漢字音訓表・送り仮名のつけ方

音訓表については、「読みの巾を拡げ」、送り仮名については「送り仮名は最小限に」すべきである。

（ホ）　左横書き

公用文は右縦書きを原則とすべきであつて、左横書きは学術等の分野の止むを得ないものに限るべきである。

（ヘ）　漢字と仮名の交ぜ書き、外来語

漢字と仮名の交ぜ書き及び外来語の濫用は、当用漢字表
　の制限緩和と併せて是正すべきである。
（ト）　敬語
　　敬語の乱れは、特に、教育の場に於て正すべきである。
三、　国語表記に関する内閣訓令・告示等については、前二
　項の趣旨に基き廃止または改訂すべきである。

報告は上記の内容である。小委員会は、活動の記録にあるよう
に、戦後の国語施策に賛否双方の立場からの意見を聴取してい
る。ただ、小委員会の結論は、意見の聴取以前に既に存在し決
まっていたものと思われる。結論の内容は、戦後の国語施策の方
向に反対の立場からのものであり、極めて復古的なものであっ
た。

3.3　国語問題に関する小委員会と深いつながりを持っていた団体

　まず、戦後の国語施策に賛成で「わが国の文字やコトバには改
善しなければならない点がおおい」とする言語政策を話し合う会
が 1958 年 4 月に結成された。「言語政策を話し合う会」には、
多数の国会議員や国語審議会の委員たちが参加している。事業委
員会委員長は片山哲であった。
　それに対抗して、国語問題協議会が小汀利得を理事長にして
1959 年 11 月に結成されている。協議会は、1959 年 12 月に、

　　国語は危機にある。
　　その原因は、国語そのもののうちにあるのではない。戦
　後、国語表記の矛盾と混乱とを解決するためと称して行はれ

た「現代かなづかい」「当用漢字」「音訓整理」「新送りがな」
等、一連の国語政策のもたらした矛盾と混乱とこそ、その原
因である。

という宣言を採択し、国語審議会等のあり方を批判し、その改善
を文部省および国語審議会に申し入れている。そして、自民党に
「国語問題に関する小委員会」が設置された 1966 年 1 月までに
67 回にわたる国語問題協議会理事会を開催するという極めて活
発な活動を見せている。また、1966 年 3 月の 69 回理事会では、
政界（自民党小委員会の委員 4 名も参加）・財界の関係者の参加を
得て国語問題懇談会を開いたことが報告されている。小委員会委
員長の森田たまは、しばしば協議会の行事に参加し、また同会の
理事に就任している。さらに、自民党文教調査会会長であった坂
田道太が文部大臣になった時、この国語問題協議会が彼を招いて
祝賀会を開いている（1969 年 1 月 14 日）。

3.4 文部省との関わり

国語問題に関する小委員会は、自民党本部で開かれていたにも
拘わらず、文部省の審議官や国語課長や関係官が出席し、配布資
料を用意し議事を筆記するという作業を行なっている。同小委員
会は当初から文部省の協力のもと行なわれていた。さらに、文部
省文化局は、1968 年 5 月 21 日に自民党・国語問題に関する小委
員の「国語問題についての結論」の個々の項目に対して、

　　一　国語表記については、「国語は漢字仮名交り文を表記
　　の基本とする」旨の文部大臣諮問（昭和 41 年 6 月）の趣旨を

尊重すべきである。

　この趣旨は、国語審議会でも当然のこととして受け取られ、その前提のもとに、国語施策について再検討が行われている。

　←［(回答³)「国語の表記は漢字かなまじり文によることを前提とし、また現代国語の表記を平明にする」という文部大臣諮問の趣旨は、国語審議会でも当然のこととして受けとられ、現在その前提のもとに、漢字およびかなの２部会を設け、具体的な個々の国語施策について再検討が行われているところである。］

　二　具体的な問題点について

　（イ）　当用漢字表（当用漢字表及び当用漢字別表の制限は、思ひきつて緩和すべきである。）

　国語審議会では、当用漢字表の制限的性格をゆるめて「基準」とするという方向で検討中である。また、当用漢字別表については、義務教育期間中に基礎的なものを与えるという教育的観点から再検討すべきものとされている。

　←［(回答)国語審議会漢字部会でも、「当用漢字表」を現在の「日常使用する漢字の範囲」という強い制限的な色彩からゆるめて「基準」という方向で考えてはどうかと検討されている。「当用漢字別表（教育漢字）」については、ある程度、義務教育の期間中に教える漢字を定めておく必要があるが、ただし、現行の字数（881字）よりもう少し増加してはどうかという意見が出ている。

　文部省でも、現行より小学校低学年からできるだけ多く漢字を教える方針で教育課程の改定を考慮中である。］

（ロ）　当用漢字字体表（字体については、正しい字体を基本とし、新字体は便宜的なものとして扱ふべきである。）

当用漢字字体表の問題は、国語審議会に対する文部大臣の諮問事項に含まれており、今後、検討すべき課題とされている。

←［(回答)漢字の字体については第6期国語審議会の報告書「国語の改善について」で「当用漢字字体表は、漢字の字体の不統一や字画の複雑さを整理して、その基準を定めたものである。今後も、現在、社会である程度行われている適当な簡易字体は採用する必要がある。簡易字体の採用は、むしろ漢字を広く生かす道であると考えられる。」と述べられている。しかし、一部には漢字の構造原理を明確にしておく必要もあるという意見があって、今後国語審議会でもこの点について検討されることと思われる。］

（特に、人名・地名等の固有名詞については、（イ）、（ロ）の趣旨を尊重すべきである。）

固有名詞については、一般的に当用漢字表は適用されない。新しくつける子の名の漢字についての戸籍法の制限に関しては、当用漢字表の改善と関連して、慎重な検討が望まれる。

←［(回答)人名については戸籍法で制限されているが、名まえのつけ方いかんはひとり本人の個人的利害のみならず一般社会の利害にも関係するところが大きいので、できるだけ難解な漢字は避け、常用平易な文字を用いることが望ましいという趣旨から、この措置がとられたものと思われる。地名については、当用漢字表外の問題で、現在、特に制限はされ

ていない。]

（ハ）　仮名づかひ（歴史的仮名づかひは、文化の流れに即し伝統的な語法に基いた優れた表記法として、これを尊重すべきである。）

　かなづかいの問題は、国語審議会に対する文部大臣の諮問事項に含まれており、今後、検討すべき課題とされている。なお、その場合は、「じ・ぢ」「ず・づ」の問題やオ列長音の問題等が検討されよう。

　←［(回答)かなづかいの問題については、今後、国語審議会でも検討される予定であるが、その場合、現代語を表記するのに、歴史的かなづかいに全面的にもどすという措置はとられないと思われるし、もはや今日そういうことは不可能なことである。ただ「現在かなづかい」にある「じ・ぢ」「ず・づ」の問題や助詞「は・へ・を」の問題、それにオ列長音の問題等については再検討が必要であると考えられている。]

（ニ）　当用漢字音訓表・送り仮名のつけ方（音訓表については、「読みの巾を拡げ」、送り仮名については「送り仮名は最小限に」すべきである。）

　国語審議会では、音訓については読みのはばを広げ、送りがなについては、送りすぎの傾向を是正する方向で検討中である。

　←［(回答)国語審議会の漢字部会およびかな部会では、現在、この趣旨にそって音訓と送りがなの問題について検討中である。]

（ホ）　左横書き（公用文は右縦書きを原則とすべきであつて、左横書きは学術等の分野の止むを得ないものに限るべ

である。)

政府全体の問題として慎重に検討すべき問題である。

←〔(回答)公用文の左書きについては、「公用文改善の趣旨徹底について」(昭和27、4、4 内閣甲第16条依命通知)として出された「公用文作成の要領」(国語審議会建議)に「執務能率を増進する目的から、文書はなるべく広い範囲にわたって左横書きとする」という方針がとられている。今日ではすでに各官庁においても特殊なものを除いては、この方針にそって左横書きに改められているので、これをもとの右縦書きにもどすことは、かえって混乱を招くおそれがあると思われる。〕

(ヘ) 漢字と仮名の交ぜ書き、外来語(漢字と仮名の交ぜ書き及び外来語の濫用は、当用漢字表の制限緩和と併せて是正すべきである。)

学校教育において国語教育を充実し、国語の美しさ、豊かさ、正しさ、厳密さを尊重する態度を養成するとともに、国民一般にもこの気風が浸透するよう努力したい。

←〔(回答)漢字とかなのまぜ書きおよび外来語の濫用は、たしかに国語審議会でもたびたび指摘されているところであるので、なんらかの対策が必要と思われる。〕

(ト) 敬語(敬語の乱れは、特に、教育の場に於て正すべきである。)

この点については、今学校教育において、じゅうぶん努力すべき点であるが、テレビ等の普及した今日の社会では、学校教育だけで律しきれない面もあるので、上記(ヘ)のような努力が必要であると思われる。

←［(回答)敬語については昭和27年の国語審議会から「こ
　れからの敬語」が建議されているが、テレビ等の普及した今
　日の社会では、これだけ律しきれない面が出てきた。今後、
　学校教育等において、できるだけこの点の指導に考慮をは
　らっていきたい。］
　　三　国語表記に関する内閣訓令・告示等については、前二
　項の趣旨に基き廃止または改訂すべきである。
　　この問題は、現在国語審議会で検討中であり、その結論を
　まって善処したい。
　　←［(回答)訓令・告示については、現在国語審議会内に小
　委員会を設け、この問題を検討中である。その答申がまとま
　りしだい、これを尊重する方向で考えていきたい。］

上記のように回答している。この回答は、1968年5月15日に開
かれた同小委員会での「文部省側の回答を文書で提出を求める」
という要請に応じたものである。

4　「国語問題についての結論」後の展開

4.1　国語審議会の答申

　上記の文部省側からの回答を得た後も、自民党文教制度調査
会・国語問題に関する小委員会は、文部省(文化庁)当局と会合を
持っている。1969年3月26日自民党本部706号室で行なわれた
委員会がそれである。これには、自民党小委員会側から山本委員
長含め6名の委員、文化庁側から文化庁次長、文化部長、国語課
長、国語課専門員などが出席している。委員会での発言要旨の一

部を抜き出しておこう。

　　委　員：昨年5月にわれわれが出した結論に対して、当時文
　　　　　　部省から報告を受けたが、その後結論の趣旨が具体
　　　　　　的に反映している面があるのか。
　文化庁：音訓表の審議では読みの幅を広げる方向で検討が進
　　　　　　められている。当用漢字表、音訓表の性格を従来の
　　　　　　ような制限的なものとせず基準的な性格にするとい
　　　　　　う改定の方向も出ている。また、教育漢字について
　　　　　　は、学習指導要領改訂の方向で考慮している。
　　委　員：国語の問題について文部省の基本的な考えを聞きた
　　　　　　い。世間一般では、当用漢字にない字がどんどん使
　　　　　　われている。
　文化庁：国語は流動しているものであり、固定した見方をす
　　　　　　べきではないという考えに立っている。漢字につい
　　　　　　ても柔軟性をもって考え、社会の流れに応じた措置
　　　　　　をとりたい。改善は必要だが、あえてむずかしいも
　　　　　　のを復活して、大幅に字種をふやすというのは困難
　　　　　　ではないかと思う。

国語審議会委員の選出が、委員互選の推薦協議会の推薦による文
部大臣任命から文部大臣の直接任命に変わったことをも受け、自
民党は、政権政党としてその後の国語施策に明確に影響を及ぼす
ことになる（小委員会委員の一人であった荒木萬壽夫は文部大臣
経験者）。
　ここに政権政党と行政当局との関係のあり方を見て取ることが

できる。行政当局の、なるたけ政権政党の意向に沿って事を進めようとする姿勢を読み取ることができよう。

その後の国語施策は、上述した小委員会に対する文化庁の回答の線で流れていくことになる。その一つが1981年の「常用漢字表」の公布であり、1986年の「改定仮名遣い」の公布である。当用漢字が一般社会で使用する漢字の範囲を示したものであったのに対して、常用漢字は、分かりやすく通じやすい文章を書き表すために一般社会で使用する漢字の目安1945字を示したものである。また、「現代かなづかい」が現代語音に基づいて現代語を書き表す時の準則であったのに対して、「改定仮名遣い」は、通行の表記を基本的に追認し、その適用範囲から科学・芸術などの専門分野や個人的使用を除き、公的使用に限ったもので、「準則」から「よりどころ」に改めたものである。国語施策は、簡易・限定的な表記から自由度の増した表記へと流れを切り替えて行く。

4.2 教育の現場で

漢字が教育の現場でどのように扱われてきたのかを極簡単に見ておく。教育の現場に対する基本方針も、上述の流れを反映したものになっている。

戦後前期の国語施策がほぼ出揃う1958年10月、文部省告示の「小学校学習指導要領」で読み書きを可能にすべき教育漢字881字の学年配当が示された。ところが、1968年7月の「小学校学習指導要領」では、読みと書きでの漢字配当を分かち、書きでは881字であるが、読みでは備考の漢字115字を含め、996字を第6学年までに指導してよいことになっている。また、1977年7月の「小学校学習指導要領」では、読み書きともに996字

の指導が求められるようになった。そして、1991年の「小学校学習指導要領」では、さらに字数が増え、学年別漢字配当表に1006字が示されている。

　以上からも常用漢字表の成立に伴って小学校で指導すべき漢字の数が増えていっていることが分かろう。

　上で見てきたように、戦後の国語施策は、1960年代後半から右傾化し復古的なものになっていく。その流れには、この自民党文教制度調査会・国語問題に関する小委員会の活動・働きかけが、一つの大きな影響を与えていると思われる。

注

1　この3月22日に開催された総会は、3月17日に開催された第42回総会が時間切れで終了したことによる引き続きの会議である。

2　この仮綴じの資料に対応するものが、自由民主党から1968年7月『「特集」国語の諸問題』という小冊子で出ている。そこには、[「一、「国語問題に関する小委員会」審議経過」、「二、国語問題についての結論」、「三、各国における国語の取扱について」、「四、講師意見要旨」、「五、小委員会意見」、「六、「国語問題についての結論」に対する文部省報告」、「七、第八期国語審議会報告」]という目次の内容が含まれている。

3　自由民主党文教制度調査会・国語問題に関する小委員会の「国語問題についての結論」に対する文部省文化局からの報告において、用意された補足回答である。自由民主党・文教制度調査会への文書での報告に記されているのは、「回答」以前の部分である。

参考文献

国語問題協議会編　1975　『国語問題協議会十五年史』国語問題協議会
佐藤喜代治編　1989　『漢字講座11　漢字と国語問題』明治書院

文化庁文化部国語課編　1991　『国語審議会答申・建議集』文化庁

増渕恒吉編　1981　『国語教育史資料5　教育課程史』東京法令

文部省教科書局国語課編　1949　『国語調査沿革資料』文部省

第2部　研究史を眺める

第6章

文法研究を中心とした
日本語研究史大概

1　はじめに

　私達が物として手に取って見ることのできる学的成果は、それを生み出した人間の学的精神・学的営みの結果・所産に外ならない。人は、真空の中に生きているのではない。ある時代の具体的な現実社会の中に身を置いて生きているのである。人によって大小の差はあるにしても、学的精神・学的営みの形成・発露が、社会のあり方や時代精神・思想的潮流の影響を受けないで存するとは考えられない。そうであれば、学説史を描き出すといったことは、個々の学的成果を、単に時間の流れの中に配置するだけではなく、社会的制約や時代精神をも含めて、史的軸の中において捉えることに外ならない。不十分なものにしかならないことを承知のうえ、ここでは、なるたけ学問と社会や時代精神との動的相関にも目配りをする、という姿勢のもと、日本語研究——それも筆者の能力・興味から、近代以降の文法研究を中心にした断片でしかないもの、しかも筆者の興味に大きく引きずられた偏りのあ

るもの――を史的展開の中に跡づける試みをしてみたい。言い換えれば、本章は、他の領域での研究にも触れるところはあるものの、日本語文法研究史大概といったものである。

2　日本語研究の歩みの概観

　日本語研究の進展には、連続した部分を有するものの、質的に異なったところを有するいくつかの段階が存する。そういった日本語研究史の発展段階として、ここでは、まず、大きく明治以前と明治以後とに分け、さらに、明治以前を契沖（1640～1701）以前と契沖以後とに分ける。この二期三区分が、筆者が暫定的に設定する日本語研究史の時代区分である。

　第一期として認定した明治以前と第二期とした明治以後とを分かつものとして、まず、西洋近代言語学・西洋文典からの影響の有無が挙げられる。もっとも、明治以前においても、西洋の言語学や西洋文典からの影響が全くなかったわけではないが、明治以前と明治以後とでは、質・量ともに大いに異なっている。まさに、この質・量の大いなる異なりこそが、明治以前と明治以後との日本語研究を分かつものなのである。次に、明治以前の日本語研究が、いずれも、言語研究それ自体を目的としたものではなく、国学や歌学や仏教教典の解釈・理解などのための補助的手段・一階梯といったものであったのに対して、政治的・社会的要因の影響を受けながらも、語学自身のための語学研究の誕生・言語研究の本格的な自立は、明治以後において成ったものである、といった点が挙げられる。

　第一期後半を形成する契沖以後の研究を第一期前半の研究から

分かつものは、契沖およびそれ以後の研究が、伝統的な権威の束縛を退け、自由な批判・討究精神を培い、根拠のない俗説・独断・秘伝を排し、文献に基づいた帰納・実証的な研究法の樹立に努め、成果の公開を図った点にある。契沖の研究は、そういった新しい研究の出発点であった。概略、契沖以後の第一期後半において、学としての日本語研究が確立することになる、と言えよう。

3 第一期前半の研究

3.1 概観

極めて粗く第一期前半を特徴づければ、第一期前半は、学としての日本語研究確立のための準備期に当たる、と言えよう。

まず、第一期前半における日本語への反省・考察が、いかなることを契機として始まったのかを見ておこう。これは日本に限ったことではないが、古くから言霊信仰といった一種の言語に対するタブーの意識が、日本にも存していた。言霊信仰が存したということは、取りも直さず言語に対する意識が存在した、ということではあるが、この種の言語意識が日本語の自覚的反省・研究へと発展したという跡づけを見出すことは、できないようである。言語の自覚的反省への一つの契機として、異なった言語との接触が挙げられる。日本語研究においても、この事は然りである。それが書記の具の獲得と相まっているとなればなおさらであろう。中国語との接触は、日本人が日本語について自覚的に反省する重大な契機を与え、それ以後の日本語研究の流れに多大の影響を与え、流れを規定することになった。このように、中国語との接触を重大な契機として始まった第一期前半の研究は、さらに、特

徴を持った三つの流れとして、展開していくことになる。(1)漢文・漢字との接触による日本語研究、(2)古典解釈に伴う日本語研究、(3)歌学の研究に伴う日本語研究、といった三つの流れである。

3.2 漢文・漢字との接触による日本語研究

3.2.1 漢文訓読と日本語研究

外国語である漢文を日本語に翻訳・解読する作業である漢文訓読は、日本語研究そのものではないが、これが契機になって、種々の日本語観察・研究が起こり発展することになる。漢語・日本語対訳辞書の製作やテニヲハ意識の発生も、その一つである。

3.2.2 対訳辞書の製作

(1)篆隷万象名義

漢文訓読の際、一々の漢語が日本語のどんな語に相当するかを知ることが必要になる。漢語に対応する日本語が広く多く確定されてくると、それを集めることによって、対訳辞書である漢和辞書が製作されることになる。

音義や訓注も、対訳辞書製作に繋がる作業の一つとして位置づけることができる。空海撰の『篆隷万象名義』は、わが国で出来た現存最古の辞書である。高山寺に写本六帖が残されている。簡単に音と義の注を加えたもので、和訓は存しない。まだ、全く中国式のものである。

(2)新撰字鏡

僧昌住の撰と伝えられる『新撰字鏡』は、和訓を有する最古の辞書である。最初3巻として成ったが、その後加筆増補し昌泰年間(898〜901)に12巻として成立した。多数の漢字を、天部・

日部・月部・肉部・雨部など160（伝本によっては107）の部首に分類し、それぞれに、字音を示し、四声を記し、漢字の意義を注し、和訓を施している（ただし、すべてがこの四種の注を備えているのではない）。注目すべきは、三千を超える和訓で、当時の日本語を示すものとして貴重である。

（3）和名類聚抄

勤子内親王（きんし）の令旨により源順（みなもとのしたごう）が編纂した『和名類聚抄』（わみょうるいじゅうしょう）は、標準的な辞書として、古来人々に広く利用され大きな影響を及ぼしてきた。成立は、承平年間（931 ～ 938）であると考えられている。その伝本には、10巻本系統とその増補である20巻本系統とがある。語は、「天・地・水……草木」部のように意義によって、20巻本では32部、10巻本では24部に分類・配列され、

雲	説文云	雲山川出気也	王分反	和名久毛	（天部　雲雨類）
	出典	義注	音注	和訓	

のように、語の出典、漢文による義注、類音や反切による音注、万葉仮名による和訓が施されている。『新撰字鏡』が、やはり漢字・漢語が主で、そのすべてに和訓が施されているわけではなかったのに対して、『和名類聚抄』になると、原則として漢語一つ一つに和訓を施しており、それだけ日本語との関係が深くなっている。

（4）類聚名義抄

正確な成立年代・撰者は未詳であるが、平安末期におそらく法相宗の学僧によって編纂されたと考えられる『類聚名義抄』（るいじゅうみょうぎしょう）は、漢字だけで記されたこれまでの辞書に対して、仮名で注記を

施した最初の辞書である。漢字(提出語は単字本位)を部首別に分け、字音を反切法・仮名書きで記し、意義(漢文による釈義はまれ)や和訓を注している。『類聚名義抄』の注目すべき点は、片仮名で和訓を付けていること、一つの漢字への訓の数の多いものが少なくないこと、声点・濁点の付されたものが存することなどであろう。『類聚名義抄』は、古代における辞書の中で最も多数の和訓を含むもので、漢字辞書とはいえ、むしろ日本語の方に重点が移っている。日本化への歩を大きく進めた辞書である。伝本には、原撰本系と増補本系とがある。

(5) 色葉字類抄

『色葉字類抄』には2巻本、3巻本、10巻本の諸本がある。2巻本は橘忠兼により、長寛年間(1163〜1165)に、3巻本は、補訂本として治承年間(1177〜1181)に成ったと言われている。10巻本(『伊呂波字類抄』と記されている)は、鎌倉初期までに後人の増補によって成ったものと考えられる。『色葉字類抄』において最も注目すべき点は、語の配列方法である。従来の辞書と根本的に異なり、語を、まず、語に施した国語音や日本漢字音の第一音節によって、イロハ順に47部に分類・配列している。そして、それぞれの部の中を「天象・地儀・植物・動物」等の意義によって分類・配列している。また、字音の注までが仮名書きされており、日本語を主に、漢字・漢語を従にした辞書であるといえる。『色葉字類抄』には、漢字や漢文を表記するために利用する辞書といった性格を見ることができ、国語辞書の先駆をなすものである。

『篆隷万象名義』から『新撰字鏡』『和名類聚抄』『類聚名義抄』『色葉字類抄』への流れは、辞書の日本化への努力の歩みであったと概略言うことができよう。

（6）節用集など

　その後、室町時代中ごろには『下学集』や『節用集』といった
読み書きに必要と思われる語彙を集めた大衆的な辞書が出ること
になる。殊に、『節用集』は、種々の改編増補本を有し、実用的
な面において大きな影響を持った辞書である。『節用集』は、イ
ロハ引きで、その中を意味的観点から「天地、時節、人倫、畜類、
草木、財宝…」などの部門に分け、語を列挙している。たとえば、
伊勢本系の『伊京集』の「仁の財宝」の部門の一例を示せば、

荷物〔ニモツ〕　錦〔ニシキ〕　膠〔ニカワ〕　……　如意〔ニョイ〕仏具　…

のようなものである。

3.2.3　テニヲハ意識の発生とヲコト点

　孤立語的な漢文を訓読し、漢字で膠着語的な日本語を表記しよ
うと努めることによって、概念語に対して、文法関係を表す助
詞・助動詞・活用語尾といった語や形態の存在に気づくことにな
る。その結果、

「天下〔アメノシタ〕乃　諸　人民〔オホミ タカラ〕乎〔ヲ〕愍〔アハレミ〕　給〔タマ〕弊」

（続日本紀、第 45 詔・称徳天皇）

のように、助詞・助動詞や活用語尾を、右寄に万葉仮名で小さく
書いた「宣命書」といった表記法も生まれることになる。これ
は、助詞・助動詞や活用語尾といったものが、概念語とは異なっ
た類である、と意識されていたことの現れである。いわゆるテニ

ヲハ意識の発生である。以後、このテニヲハが、日本語文法研究において中心的な位置を占めることになる。

また、漢文訓読の際に、その簡略化のため、漢字の四隅・中央などの位置に、後世「ヲコト点」「テニヲハ点」などと呼ぶ色々な符号を書き込む記法が生まれた。ヲコト点は、助詞・助動詞や活用語尾などを代替している。

3.3　古典解釈に伴う日本語研究

書記の具の獲得は、文献を生み出し、同一言語における異言語といった古語との接触を作り出すことになる。古語といった異言語との接触は、これまた言語研究の一つの契機である。その古語が、古典といった、読み解いていく努力を払うに価するものである場合には、なおさらのことである。このようにして、日本においても、古典を解釈するといった作業の中から日本語について考察が生み出されていくことになる。

民族の歴史を記したものや自らの教養の源泉たる文化遺産が、どの国においても、古典として尊ばれたように、日本においても、中古から中世にかけて、日本古代の歴史を記した日本書紀や、貴族の教養の重要な源である和歌の、その代表的な歌集である万葉集・古今集などが、古典として扱われてきた。

（1）釈日本紀

日本書紀は、正史とも言えるもので、成立直後から平安時代初・中期にかけて、しばしば朝廷でその講義が行われてきた。その際の講義の内容を記録したものが『日本紀私記』である。私記では、和語を用いての語句の訓読が行われている。この私記や他の多くの文献に拠りながら、日本書紀に注釈を施したのが、鎌倉

中期に成立した卜部兼方の『釈日本紀』である。五音（同じ行の五つの音節）や同響（同じ母音を持つ音節）といった用語のもとに母音交替・子音交替の現象を認め、それによって語と語の関係をつけたり解釈を行ったりしている。また、接頭辞や間投助詞の類を「助語」等と呼んで取り出している。日本語における語分類意識の一つの現れとして注目してよい。

（2）万葉集註釈

万葉集は、すべて漢字で書かれており、しかも独特な用字・表記法を有しているため、その解読は、成立後ほど遠くない時期から既に困難になり始めていた。

平安前期以後、万葉集読み解きの努力が重ねられ、古点・次点といったものが順次に提出された。鎌倉時代に至り、それまで訓の付されていなかった152首に対して、仙覚によって、新な訓（新点）が施された。さらに、仙覚は、文永6（1269）年に万葉集の注釈書である『万葉集註釈』を書くことになる。同書では、同韻（同じ母音を持つ音節）、同内（同じ行の音節）、同内相通（5音の内での相通、たとえば「アマ」と「アメ」）、同韻相通（五十音図で同段の音どうしの相通、たとえば「ウバタマ」と「ヌバタマ」）などといった考え方によって、語(形)相互の関連づけや語釈が行われており、悉曇の音韻学の日本語研究への応用が示されている。

仙覚のみならず、卜部兼方においても、五十音図の理念が日本語研究の一つの指導原理になっていたことが窺われる。

3.4　歌学・連歌論の発達とテニヲハの研究

古今和歌集が編まれ、和歌の地位が高まるとともに、和歌が貴族の重要な教養の源になり、歌合のような歌の優劣を競う場が多

くなってきた。それに従って、歌の巧拙を判定する必要が生じて
くる。このような中で歌学が起こり発展してくることになる。歌
学における語学的研究として最も重要なものは、テニヲハの研究
である。歌学におけるテニヲハの研究は、後世の文法研究の重要
な源である。

3.4.1　歌論書系の研究

(1)手爾葉大概抄・手爾葉大概抄之抄

　文暦元年（1234）頃にはその草稿本が出来ていたと考えられる
順徳院の『八雲御抄』は、歌学におけるテニヲハの考察がある程
度まとまった最初のものである。また、鎌倉末か遅くとも室町初
めには成立したと見られる『手爾葉大概抄』は、テニヲハに関
する語学的にまとまった著述として現存する最古のものである。
現存する伝本は、本書への注釈書である宗祇の『手爾葉大概抄之
抄』と合わさって一冊になっている。本書は、歌の作法の上から
テニヲハの大切な事を説いたものであり、歌の切れ、留まり、続
きに関わってくる重要な存在として、テニヲハが問題にされてい
る。また、

　　　和歌手爾波者唐土之置字也。以レ之定ム二軽重之心一、音声
　　　因レ之相続ス、人情縁テレ之発揮ス也。… 詞ハ如ク二寺社一、
　　　手爾波ハ如シ二荘厳一。以二荘厳之手爾葉ヲ一定ム二寺社之尊卑
　　　ヲ一。詞ハ雖レ有二際限一新レ之自二在スル之一者ハ手爾葉也。
　　　　　　　（『手爾葉大概抄』）［『国語学大系（手爾波一）』による］
　　　（和歌のテニハは唐の置字のようなものだ。これによって、
　　　意味の軽重が定まり、音声もこれによって首尾よく続き、人

の情の綾もこれによって現れる。…「詞」は寺社のようなもので、「テニハ」はその荘厳のようなものだ。荘厳さを担うテニハによって、寺社の尊卑が定まる。詞には限りがあるのだが、これを新にし自在するのはテニハである。)

に現されている詞とテニヲハの表現性の違いへの言及は、後世に受け継がれ、時枝誠記にも影響を与えたものとして注目してよい。

　さらに、テニヲハによる切れ、留まり、続きへの考察の中に、今日「係り結び」と呼んでいる現象への観察も含まれている。たとえば、「ぞ」「こそ」について、『手爾葉大概抄』は、

曽者宇具須津奴之通音、祢于幾志遠波志于志加羅無以_一此字_一拘_レ之_ヲ
　　　　　　　　　　　　　　　　　　　（下線筆者、以下同様）
古曽者兄計世手之通音、志志加之手爾葉、尤之詞受_テ_レ下_二留メル_レ之

のように述べている。『手爾葉大概抄之抄』の注記するところによれば、「ウクスツヌの通音」とは、「風そこととふ」「花そさく」「人そこぬ」などのことであり、「ニ、シカ」とは、「月をそ見しに」「月をそ見しか」などのことであり、「エケセテの通音」とは、「香こそうつせ」「霞こそたて」などのこと、「シ、シカ」とは、「こそありし」「こそ思ひ初しか」などといったもののことである。「尤之詞」とは、「いかて」「なとか」「いつ」などといった疑問詞の類のことである。引用から分かるように、「ぞ」「こそ」というテニヲハが上に来た時、下に来るテニヲハの現れに一定の制限の

あることを指摘している。これは、また、そういった、下に来るテニヲハの現れを誘い、制限するテニヲハとして、「ぞ」「こそ」が注目されている、ということに他ならない。

「の」「や」については、「ぞ」に通うもの、替わるものという形ではあるが、下に来るテニヲハの現れを制限するテニヲハとして、これまた注意が向けられている。

宣長の言う「は・も・徒」「ぞ・の・や・何」「こそ」の係りのうち、「ぞ・の・や・こそ」が、下に来るテニヲハの現れに影響を与え、制限するテニヲハとして、既に『手爾葉大概抄』に出てくる。『手爾葉大概抄』は、素朴ながらも、上下のテニヲハに相関のあることを捉えた最初の書として、テニヲハ研究史・係り結び研究史上に位置づけられ、その評価を与えられよう。

(2)姉小路式

『手爾葉大概抄』以後、その説を受け継ぎながら、「姉小路式」と総称される一群のテニヲハ秘伝書が作られる。成立時期は、『手爾葉大概抄』より後で、『手爾葉大概抄之抄』より前である。個々のテニヲハを取り上げ、証歌を挙げながら、その意味や用法について述べている。たとえば、

かなと云手似於葉　　願ふかな
　　あふく共こたへぬ空のあをみとりむなしくはてぬ行末もかな
　　　　　　　　　　　　　（『姉小路家手似葉伝』、国語学大系による）

のような記述が見られる。

係り結び的現象については、「姉小路式」と通称される一群の捉え記述するところは、『手爾葉大概抄』の伝えるところと大差

がない。しかし、

> 此その字にあまたのとまりあり。五音第三の音にておさへた
> り。第三の音とは う く す つ ね ぬ ふ む ゆ る ふ 　口伝也…
> およそこそといへる留り五音第四の音にてとまるへし。第四
> の音とは 　ゑ け せ て ね へ め え れ 　是等にてとまるなり…

のように述べているのは、上下のテニヲハの相関・上に来るテニ
ヲハによる下に現れるテニヲハに対する制限を、下に現れるテニ
ヲハの末尾の音に注目し、五十音図の相通による手法によって捉
え表現したものとして、注目してよい。今で言う連体形、已然形
に当たるものが、第三の音、第四の音という表現で捉えまとめ
られている（もっとも、活用形に注目しての結びのまとめ方が可
能になるのは、ずっと先の活用研究の進んだ江戸も終わりに近く
なってからのことではあるが）。

（3）歌道秘蔵録

「姉小路式」の一系統に『歌道秘蔵録（かどうひぞうろく）』と題するものがある。
この『歌道秘蔵録』には、大事の口伝として、一首の歌が挙げら
れている。

> そるこそれおもひきやとははりやらんこれそいつゝのとまり
> なりける

「そる」とは、「こよひそあきのもなかなりける」が示すように、
係りの「ぞ」と結びの連体形「る」との相関を表したもの、「こ
それ」は、「おちても水のあはとこそ なれ」のごとく、係り「こ

そ」と結びの已然形の末尾音「れ」のことであり、「おもひきや とは」というのは、「思ひきやしゞのはしかきかきつめてもゝ夜 もおなしまろねせんとは」のように、倒置法的表現の留まり「と は」とそれが返りながら係っていく「思ひきや」との相関を表し たものであり、「やらん」は、「人やみるらん」が示すように、「や」 と「らん」との相関を表したものである。問題は、「はり」であ る。「はり」とは、「ふり行くものは我身なりけり」のごとく、「は」 とその結びたる終止形「り」との相関を示したものである。「は」 がその結びとの相関において取り立てられている。これは、『邇 乎波義慣鈔』における「は」に関する記述とともに、宣長の「は・ も」の係りを準備する観察・記述として注目される。

（4）『春樹顕秘抄』『春樹顕秘増抄』

「姉小路式」の伝統を引くものに、室町末に成ったと見られる 『春樹顕秘抄』や、有賀長伯（1661 ～ 1737）の手になる『春樹顕 秘増抄』がある（ちなみに、『春樹顕秘増抄』は、「姉小路式」の 伝統を引くものの中では、最も価値の高い書であるとされてい る）。「かかえ」「おさえ」に関して、『春樹顕秘増抄』に注目すべ き記述がある。

　　かゝへのかな、をさへのかな、といふことあり。かゝへは上
　　にあり。をさへは下にあり。たとへはらんとをさへむとて
　　は、上に や か いく いかに　なとうたかひの文字にてかゝ
　　ゆるをいふ。又上にこそとかゝゆれは、下に れ め ね　とを
　　さへ、そとかゝゆれはるとをさゆるたくひなり。
　　そといふてにはは必下にをさへのかななくてはとまらす。

　　　　　　　　　　　（『春樹顕秘増抄』下線筆者、国語学大系による）

などから分かるように、『春樹顕秘増抄』は、上下のテニヲハの相関を、単に、歌の作法上、修辞上から来る現象としてではなく、「かかえ」と「おさえ」との呼応といった語法上の現象として捉える方向により明確に歩み出している。こういった「かかえ」と「おさえ」との呼応といった捉え方は、宣長の言う「本末かなへあはするさだまり」といった認識の淵源であり、それを準備するものであったと言えよう。ただ、この「かかえ」「おさえ」による呼応的な捉え方を過大評価してはならない。相変わらず、「うしとそ思ひしに」「ひかりこそみるには見えて」のような、係り結びの成り立っていないもの（いわゆる結びの流れの場合）も挙げられている。やはり、「かかえ」と「おさえ」の呼応が法則として取り出されるためには、本居宣長を待たなければならなかった。

3.4.2 連歌論における研究

連理秘抄

　歌論書だけでなく、連歌論書においても、テニヲハは、重要なものとして取り挙げられている。二条良基の手になる『連理秘抄』（貞和 5 (1349) 頃成立）は、この事を「てにをは大事の物也。いかによき句も、てにをは違ひぬれば、惣じて付かぬなり。」として述べている。また、この書には、「物の名」「詞」「てにをは」といった語が見え、単語三分類観の萌芽として注目すべきである。単語三分類観については、後により精密になったものとして、江戸末期の富樫広蔭のものがある。また、「体・用」といった語もこの書に現れている。たとえば、水辺の事物について、「海、浦、……堤、渚、嶋…」などが体として分類されるものとして、「舟、……流れ、浪、水、氷、……魚、網、釣垂る…」な

どが、用として分類されるものとして挙げられている。これら
は、本体的なものと作用的なものといった意味上の分類で、現代
のものとは用法が異なっているが、「体・用」といった用語の源
が連歌論書にあることを示すものとして注目してよい。

4　第一期後半の研究

　第一期後半は、学としての日本語研究の確立期に当たる。

　江戸幕府の成立により、戦乱が治まり平和がもたらされること
になる。平和は、市民階級の経済的発展を促し、市民階級に学芸
の担い手としての力を与えることになる。また、経済的発展に
伴って出版業も盛んになる。こういった状況を背景にして、それ
まで貴族のものであった学問が、大衆化・一般化・公開化してい
く。学問の大衆化・公開化には、従来のような閉鎖的な主観的、
独断的な方法では対応しきれず、実証的、客観的な方法が要請・
促進されることになる。江戸期における日本語研究の学として
の確立・日本語研究の進展は、こういった学芸の大衆化・隆盛
化、直接的には国学の勃興・発展と深くかかわっている。元禄期
には、日本のルネッサンスとも言うべき学芸興隆期を迎える。芭
蕉や西鶴や近松が出ることになる。契沖は、こういった時代を生
き、自らの仕事を成し遂げていったのである。

4.1　仮名遣い研究

　言い分けられる音節の種類と書き分けられる仮名の種類が一致
していれば、仮名遣いの問題は発生してこない。ところが、音韻
変化によって、音節の種類と仮名の種類が一致・対応しなくなる

ことによって、表記上の基準・規範を求める必要が生じ、仮名遣いの問題が発生してくる。仮名遣いの問題の発生は、仮名遣いの書を生み出すことになる。中世に現れた藤原定家の撰とされる『下官集』は、現存最古の仮名遣いの書と言えるもので、「を・お」「え・へ・ゑ」「ひ・ゐ・い」の仮名の使い分けを語例を挙げて示している。さらに、行阿撰の『仮名文字遣』は、『下官集』を増補したもので、定家の挙げた八種の仮名に加えて、「ほ・わ・は・む・う・ふ」の六字を加えている。これらは、基本的には歴史的仮名遣いであるが、依拠した資料の不備や独自の規範に拠ったかなどで、いくつかの誤りを含んでいる。

4.1.1 契沖

　いわゆる定家仮名遣いの誤りを正し、上代・平安初期の文献に存する仮名遣いの法則を発見したのが契沖である。契沖は、徳川光圀の依頼により万葉集の注釈書である『万葉代匠記』を書いているうちに、上代・平安初期には仮名遣いに一定の法則があり、それが当時行われていた定家仮名遣いに一致しないことを発見した。上代・平安初期の仮名遣いを、語を正当に表すための規範と考え、中世以来広く行われて来た定家・行阿の仮名遣いの誤りを正すために、記紀、万葉、和名抄などの文献から証例を集め書き著されたのが、『和字正濫鈔』（元禄8（1695）刊）である。「い・ゐ・ひ」「を・お・ほ」「え・ゑ・へ」「わ・は」「う・ふ」および「ぢ・じ・づ・ず」といったそれぞれの仮名の書き分けを示す約二千の語を挙げ、その典拠（もっとも出典を挙げていないものが3分の1ある）、他の語との関連、語源などを述べている。契沖の研究の特色は、研究が公開的で、神秘的で無根拠な独断を

排除し、確実な文献を求め、文献を歴史的に処理し、対象に対して文献に基づいた帰納的・実証的な研究法を確立したところにある。契沖のこの研究法が、日本語研究の新しい段階を拓く一つの契機になるのである。日本語研究の新しい歩みは、契沖、賀茂真淵、本居宣長に至る国学の発展とともに、進展・隆盛化を見せることになる。

　しかし、当時の状況は、契沖の説をすぐに受け入れるというものではなかった。橘成員が、『和字正濫鈔』に対して、『倭字古今通例全書』(元禄9(1696))を出した。それに対して、契沖は、すぐさま『和字正濫通妨抄』(元禄10(1697)成)を書き、反駁を加え、さらに、翌元禄11年これを改訂して『和字正濫要略』を著した(しかし、いずれも出版されなかった)。

4.1.2　古言梯・仮字用格奥能山路・古言衣延弁

　だんだん契沖の説も広まっていき、その不備を補訂するものも現れた。楫取魚彦の『古言梯』(明和5(1768)頃)は、契沖には知られていなかった『新撰字鏡』などを文献として利用しながら、『和字正濫抄』の不備を補っている。さらに、石塚龍麿の著した『仮字用格奥能山路』(寛政10(1798)成)は、広く上代の文献を調査し、「エ・キ・ケ・コ・ソ・ト・ヌ・ヒ・ヘ・ミ・メ・ヨ・ロ」の13について、二群の万葉仮名の書き分けの存すことを用例を挙げて示したものである。橋本進吉によって「上代特殊仮名遣い」として再発見され、昭和における上代語研究発展の契機を与えることになるものである。また、奥村栄実によって著された『古言衣延弁』(文政12(1829)成)は、平安時代延喜・天暦以前には、ア行のエとヤ行のエとに音韻上の区別があり、それが万葉仮

名で書き分けられていることを実証したものである。

4.2　文法の研究

契沖の仮名遣い研究に始まった日本語研究の新しい歩みは、文法研究の世界においても着実に進展することになる。そういった歩みの中にあって、本居宣長や富士谷成章は、江戸期文法研究の巨大な峰を成す存在であろう。

4.2.1　『氏爾乎波義慣鈔』

宣長の『てにをは紐鏡』『詞玉緒』に先行するテニヲハ研究書として極めて注目されるのが、『氏爾乎波義慣鈔』である。本書は、雀部信頼（一書には信頼）により、宝暦10(1760)年に成ったものである。

『氏爾乎波義慣鈔』には、従来から取り出して述べられている「ぞ」「こそ」「や」「の」に加えて、「か」が、「かかえ」「おさえ」の呼応を作る「かかえ」のテニヲハとして取り出されている。

　　加といふはうたかひ氏爾乎波なり。加と上におきて下らんとはねる。　　　　　　　（下線筆者、以下同様、国語学大系による）
　　加と上におきて下五音第三の音にてとまる有。又きともとまる。曽のてにをはの如し。

これは、「か」の連体形結びを指摘したものである。

さらに注目すべきは、「は」「も」について、「ぞ」との関連ではあるが、その留まりのあり方を指摘していることである。「は」について、

そにかよふ波あり。五音第三のおんにてとまる。
　そとおさへてけるととまるへきを、いひすてんとて、そを波
にすれは、とまりけりとなる。……又そといふへきを波とお
けは、ぬととまるへきうたのす(否定の「ず」のこと)となる。
いつれも言捨たる氐爾葉也。
　曽といふへきを波とおさゆるとき、幾ととまるへき歌の之と
なる也

などと記している。引用は、「…冬草のかれにし人はおとづれも
せず(古今集・冬・338)」「…久方の天の河原にたたぬ日は なし(秋
上・173)」のような例の上下のテニヲハの相関についての言であ
る。引用から明らかなように、「ぞ」と「は」で下の留まり方の
違う場合のあることをはっきり認識していた。ここに、「ぞ」連
体形結び、「は」終止形結びといった事実が観察されている。こ
れに「こそ」の結びを合わせると、「は―けり」「ぞ―ける」「こ
そ―けれ」となり、宣長の言う「三転」が現象についての観察と
いったレベルでは出揃うことになる。さらに、「も」についても、

　曽にかよふ毛あり。五音第三の音あるひは幾とうくる。
　毛とおさへてすてたるあり。是は曽にかよふ毛なれは、留と
とまるへきが、利と転する也。

などと述べている。これらは、「…音羽山峰のこずゑも色つきに
けり(秋下・256)」や「…花をし見れば物思ひも なし(春上・52)」
のような、上下のテニヲハの相関現象についての観察である。
「も」による終止形結びの現象が観察されている。もっとも、

「は・も」の「曽にかよふ」といった説明の仕方には問題があり、その問題点が、「幾をうくる」（「…世を経て見れどとる人<u>も</u>な<u>き</u>（雑上・924）」）という形で現れている。

また、「落ちたぎつ滝の水上年積り老にけらしな黒きすぢ<u>なし</u>（雑上・928）」「みよしのの山の白雪つもるらし故里さむくなりま<u>さるなり</u>（冬・325）」のように、下を導くテニヲハが何らなくて、終止形で結んだ例をもいくつか挙げている。宣長の言う「徒(ただ)」への示唆をここに見ることができるかもしれない。

「は」「も」の係りと結び、さらに「徒」への示唆が、『氏爾波義慣鈔』に観察として既に登場している。これは、宣長が『氏爾波義慣鈔』に目を通していようがいまいが、既にそういった時機に差し掛かっていたという意味合いにおいて、宣長の研究を準備したものとして、注目に価する。

ただ、『氏爾波義慣鈔』による「は」「も」の取り出しを、過大評価しすぎてはならない。「は」「も」とともに、終止形結びを導くものとして、「<u>仁</u>とおさへてけ<u>り</u>　<u>なり</u>となかすもあり」「<u>て</u>とおさへていひ捨たるもあり」のように、助詞「ニ」や「テ」をも取り挙げている。また、先ほど触れた「徒」への示唆も、単に終止形結びになっているものを雑多に挙げたその一つにすぎない、と位置づけるべきなのかもしれない。

4.2.2　本居宣長

本居宣長（享保15(1730)〜享和1(1801)）の著作には、『古事記伝』『源氏物語 玉 小櫛(たまのおぐし)』『宇比山踏(ういやまぶみ)』『玉勝間(たまかつま)』など多くのものがあるが、日本語研究に関しては、係り結びを中心としたテニヲハの研究書である『てにをは紐鏡(ひもかがみ)』（明和8(1771)刊）、『詞 玉 緒(ことばのたまのお)』

（安永 8（1779）成、天明 5（1785）刊）や、用言の活用の研究書である『御国 詞 活用抄』（天明 2（1782）頃成、『活用言の冊子』はこれの原本）や、漢字の字音を中心とする音韻の研究書である『字音仮学用格』（安永 5（1776）刊）、『漢字三音考』（天明 5（1785）刊）、『地名字音転用例』（寛政 12（1800）刊）などがある。いずれも後世に大きな影響を与えた。特に、係り結びの研究は特筆に価する。既に述べたように、宣長以前に、「ぞ」「こそ」「や」「の」「何」（もっとも、今日から見れば「の」「何」は誤りである）、さらに「は」「も」が上に来た時、下の留まり方に一定の制限のあることについては、気づかれ観察されていたし、また、「かかえ」「おさえ」といった形で、その呼応性についても認識されかかっていた。宣長は、『手爾波大概抄』『てにをは口伝』といった中世テニヲハ研究書を書写しているし、また、楳井道敏の『てには網引綱』（明和 7（1770）刊）を購入している。したがって、当然、いわゆる係り結びの現象についてのそれまでの観察の成果を、それなりに心得ていたはずである。宣長の業績は、事実の発見というよりは、観察された事実の背後に潜む理法、法則性への認識・発見、その認識の形式化にあると言えよう。また、観察そのものも、宣長以前が断片的であったのに比べて、宣長のそれは包括的である。観察された上下のテニヲハの相関といった事実は、宣長を待って初めて、係りのテニヲハとそれに呼応する結びとして法則化、定式化されることになる。

『てにをは紐鏡』は、係りを「は・も・徒」「ぞ・の・や・何」「こそ」の三行に分け、その結びを 43 段にわたって記した一枚の図である。この比較的簡単な図の中に係り結びの法則性があざやかに捉えられている。また、『詞玉緒』は、『てにをは紐鏡』で捉え

た係り結びの法則を、たくさんの証歌を挙げて詳細に証明・解説したものである。

　宣長は、上下のテニヲハの相関を、歌学の伝統による中世テニヲハ研究に見られるように、歌の作法上・修辞上問題になる現象として捉えるのではなく（もっとも、宣長においてもこれが完全に払拭し切れていたとは言い切れない面もあるが）、係りと結びとの呼応といった語法上・言語の規則上の現象として捉えていた、といった点が挙げられる。彼は、この上下のテニヲハの相関を、「本末をかなへあはするさだまり」として捉え、次のように述べている。

　　　てにをはは、たしかに此さだまり（筆者注、本と末とをあひてらして、かなへあはするさだまり）のあと有て、いさゝかもたがひぬれば、言の葉とゝのはず、歌も何もすべていたづらごとになんなるめるを、…
　　　　　　　　　　　　　　　　　　　　　　　　　　（『詞玉緒』）

　また、「係り」「結び」という用語を用いたのは、宣長が最初であろう。ただ、「係り結び」と熟した使い方は、『詞玉緒』には未だ見られない。萩原広道『てにをは係辞弁』を待たなければならない。

　宣長は、係りのテニヲハを「は・も・徒」「ぞ・の・や・何」「こそ」の三類に整然と分かち、その係りに応じて、一つの語が、「は―なり」「ぞ―なる」「こそ―なれ」のように、結びとして三態に変化する様を見事に捉えている。いわゆる三転の認識である。

　　　三転とは、上のてにをはにひかれて、一ッ言の、三くさにう

つりかはるをいふ也。<u>けり</u> <u>ける</u> <u>けれ</u> <u>なり</u> <u>なる</u> <u>なれ</u>などの
如し。　　　　　　　　　　　　　　　　　　　（『詞玉緒』）

と述べられているものである。三転の認識による係り結びの組織
立った把握は、注目すべきである。この組織立った把握は、活用
形への認識がある程度深まった宣長の時代になって、はじめて可
能であったのであろう。さらに、「は・も」の係りとしての取り
出しは、後に山田孝雄に影響を与えたことにおいても注目しても
よい。ただ、富樫広蔭の『詞玉橋』（文政9（1826）初稿）に見られ
る「ぞ―続言段」「こそ―已然段」といった記述に比べれば、や
はり雑然としている。これは活用研究の未熟さによるのであろ
う。本居春庭などの活用研究を経なければならなかったのであ
る。また、「の・何」の係りは、中世テニヲハ研究をそれが有す
る誤謬のまま受け継いでいる。

　また、宣長には、語の断続と文の終止についての明確な認識が
あった。たとえば、「花散り<u>ぬ</u>」の「<u>ぬ</u>」は切れる辞、「花散り<u>ぬ</u>
<u>る</u>風」の「<u>ぬる</u>」は続く辞、その続く辞の「ぬる」が「花ぞ散り
<u>ぬる</u>」のごとく、「ぞ」の結びとなって切れる、というふうに、
形式そのものの切れ続きの機能と文の切れ続きの構造が立体的に
捉えられていた。

4.2.3　てにをは係辞弁

　係り結びの研究は、宣長において一つの到達点を見る。以後、
宣長の部分的修正・部分的発展といったものがいくつか出る。宣
長においては未だ明確な名づけが行われていなかった係りのテニ
ヲハに対して、「係辞」と呼び、係りのテニヲハと結びのテニヲ

ハとの相関・呼応の現象に「係結」という名を与えたのが、萩原広道の『てにをは係辞弁』(弘化3(1846)成、嘉永2(1849)刊)である。「係結」はそのまま現在の文法用語になっているし、「係辞」は山田孝雄の「係助詞」に受け継がれている。

　また、宣長の誤りを正し、「の・何」を係辞から除き、「か」を加えた。広道の係辞は、「徒」「ぞ・や・か」「こそ」になる。宣長の誤りを明確に指摘・証明したのは、彼の功績である。

　ただ、広道は、宣長の「は・も」をも一つにひとまとめにし、「徒」にしている。彼の言う「徒」には、「は・も・て・に・を・の・ば・ど・で・より・まで・へ」が含まれる。これは、係り結びを、係りによる結びの三態といった形態的呼応において捉え、「は・も」の類と他の類との連用機能の違いを無視した結果である。係り結び的現象への認識の深化からすれば、これには問題が残る。

4.2.4　富士谷成章

　歌学にも優れ、兄に漢学者皆川淇園を持つ富士谷成章(元文3(1738)～安永8(1779))は、江戸最大の文法理論家である。彼の著作には、『かざし抄』(明和4(1767)成、刊記なし)や『あゆひ抄』(安永2(1773)成、安永7(1778)刊)がある。また、稿本ではあるが『よそひ本抄』、写本の『六運略図』の存在が知られている。

　成章は、概略、語に当たるものを「名・装・挿頭・脚結」に四分類し、その本性を、

　　名をもて物をことわり、装をもて事をさだめ、挿頭脚結をも
　てことばをたすく。　　　　　　　　　　　　　(『あゆひ抄』おほむね)

『あゆひ抄』

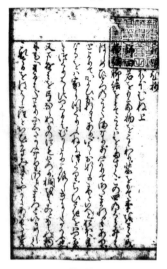

(架蔵)

と述べている。「名」は体言に、「装」は用言に、概略、「挿頭」は感動詞・代名詞・副詞・接続詞・接頭辞などに、「脚結」は助詞・助動詞・接尾辞に対応する。

　『かざし抄』では、感動詞（「あはれ、あな、やよ、…」）や代名詞（「いづれ、こゝ、なれ、…」）や副詞（「いと、かく、つねに、…」）や接続詞（「かつ、さて、さりとて、…」）などの、ほぼ副用語に当たるものを中心に、さらに複合的形式（「いかにして、いまさら、かくばかり、…」）などを加え、その意味・用法を説明している。

　『あゆひ抄』は、助詞・助動詞などを中心に、接尾辞を加え、下位分類を施しながら、その意味・用法について説明を加えたものである。「あゆひ」は、直接に名（体言）を受けるものと、直接に名を受けえないものとに分け、前者を、「属」（終助詞的なも

の、たとえば「かな、か、ばや、よ、な」など）と、「家」（概略その他の助詞、たとえば「ぞ、を、は、に、さへ」など）に分け、後者を、「倫」（助動詞が中心で意味上まとめて下位類化できるもの、たとえば「べし、ず、む、き」など）と、「身」（活用するそれ以外のもの、たとえば「めり、なり、あふ、かぬ、る、す」など）と、「隊」（だいたい接尾辞、たとえば「み、さ、げ、かし、もの」など）とに分けている。

　また、『かざし抄』の序で、

挿　脚　名装脚名脚装　脚　　挿挿名脚　　装　　脚
いつとても月みぬ秋はなきものをわきてこよひのめづらしき哉

と一首を分解している。自らの設定した単語分類で具体的に一首を分解し切っている点は注目すべきである。

　　かしらにかざしあり。身によそひあり。しもつかたにあゆひ
　　あるは、…
　　　　　　　　　　　　　　　　　　　　　　　　（『かざし抄』）

と述べていることからも分かるように、この四類は、相互の接続関係やその文法機能への注目のもとに切り出されており、語の文法的な分類として注目すべきものである。

　さらに、装については、『あゆひ抄』の大旨に装図を挙げ、用言の語形変化と用言の下位類化を示している。それによれば、装は、「事」（動詞）と「状」（形容詞・形容動詞）に分けられ、さらに、「事」は、狭義の「事」（ラ変以外の動詞）と「孔」（ラ変動詞）に、「状」は、「在状」（形容動詞）と「芝状」（ク活用形容詞）と

「鋪状」(シク活用形容詞)に分けられている。

　成章の研究は、極めて優れたものであったが、用語の難解さも
あって、後世に十分受け継がれなかった。かえって、隔世的に山
田孝雄の「体言・用言・副詞・助詞」の四分類観などに影響を与
えている。

4.2.5　鈴木朖

　活用研究において宣長を発展させた者に、鈴木朖(宝暦14
(1764)～天保8(1837))がいる。朖は尾張藩に仕えた儒学者であ
るが、また宣長の門に入り、国学者として日本語研究にも優れた
業績を残した人である。

　『活語断続譜』(かつごきれつづきのふ)(享和3(1803)頃成)は、当
時出版されず、幕末になって「柳園叢書」に後人の書き入れとと
もに刊行された。この書は、宣長の『御国詞活用抄』『てにをは
紐鏡』を基礎にして、それらを発展させ、用言の切れ続きといっ
た語形変化を明らかにしたもので、春庭の『詞八衢』成立の一
つの契機を成したものである。

　また、鈴木朖には、語の分類について述べた『言語四種論』
(享和3(1803)頃草稿成、文政7(1824)刊)という注目すべき書が
ある。語は、「体ノ詞」「形状ノ詞」「作用ノ詞」「テニヲハ」の四
種に分けられている。体ノ詞は、万の名目を表す詞とされ、今の
体言に当たる。形状ノ詞は、イの音で終わり、物事の有様・形状
を表すものとされ、概略、形容詞に対応する。作用ノ詞は、ウの
音で終わり、人や物の動き・働き・作用を表すものとされ、概略、
動詞に当たる。ラ変動詞の「有り」が形状ノ詞とされているのは
注目してよい。これは、成章や春庭・義門・富樫広蔭とは異なっ

ている。また、腺の単語分類は、四分類ではあるが、成章のそれ
とは異なって、基本的には中古・中世以来の伝統および宣長を受
け継ぐところの、次のような二分類法である。

彼に限らず、この種の単語分類では、テニヲハに雑多なものが入
り過ぎる。特に副用語の位置づけに問題が残ろう。この辺りが、
富士谷成章と本居宣長や鈴木腺などとの違いである。
　詞とテニヲハについては、

　　　三種ノ詞ハサス所アリ。テニヲハ〻サス所ナシ。三種ハ詞ニ
　　　シテ、テニヲハ〻声ナリ。三種ハ物事ヲサシアラハシテ詞ト
　　　ナリ。テニヲハ〻其詞ニツケル心ノ声也。詞ハ玉ノ如ク、テ
　　　ニヲハ〻緒ノゴトシ。詞ハ器物ノ如ク、テニヲハ〻其ヲ使ヒ
　　　動カス手ノ如シ。…。詞ハテニヲハナラデハ働カズ、テニヲ
　　　ハ〻詞ナラデハツク所ナシ。　　　　　　　　　（『言語四種論』）

と述べており、詞とテニヲハの異なりを捉えたものとして、後に
時枝誠記の詞辞論に影響を与えるところとなる。
　また、言語の起源を音声模写の面から述べた『雅語音声考』
（文化 13（1816）刊）がある。

4.2.6 本居春庭・東条義門

宣長の活用研究をさらに推し進めた者に、宣長の長子である本居春庭(宝暦13(1763)〜文政11(1828))や真宗の僧である東条義門(天明6(1786)〜天保14(1843))がいる。

春庭には、活用研究を大成させた『詞八衢』(文化5(1808)刊)や『詞通路』(文政11(1828)成、刊年未詳)がある。『詞通路』は、動詞を、自他や受身・使役の別から、「おのづから然る・みずから然する(「乾く、落つる、苦しむ、聞こゆる」など)」、「物を然する(「乾かす、着る、聞く、さとる」など)」、「他に然する(「着する、聞かする、論す」など)」、「他に然さする(「着せさする、苦しめさする、聞こえさする」など)」、「おのづから然せらるゝ(「驚かるゝ、着らるゝ、聞かるゝ」など)」、「他に然せらるゝ(「落とさるゝ、苦しめらるゝ、論さるゝ」)など」の六種に分けたもので、注目される。

義門には、活用にかかわる研究書として『山口栞』(天保7(1836)刊)、『活語指南』(天保15(1843)刊)テニヲハおよび活用にかかわるものとして『友鏡』(文政6(1823)刊)、『和語説略図』(天保4(1833)刊)や音韻研究の書である『男信』(天保13(1842)刊)など多くのものがある。『活語指南』では、現在の名称に直接的に繋がるところの「将然言(未然言とも)」「連用言」「截断言」「連体言」「已然言」「希求言」といった名称を挙げていて注目される。活用研究は、義門に至って一つの到着点を見る。

4.2.7 富樫広蔭

本居学派の単語分類・活用研究の組織化・体系化を計った者に富樫広蔭(寛政5(1793)〜明治6(1873))がいる。広蔭には、用言

の類別、用言の活用の様、係り結びのあり方などを一枚の図にした『辞玉襷』(文政 12(1829))刊)や、それを解説した『詞玉橋』(文政 9(1826)初稿、明治 24(1891)刊)などがある。広蔭は、単語を「言」「詞」「辞」に三分類する。これは、中世の「体(物の名)、用(詞)、テニヲハ」以来の伝統を受け継ぐものである。また辞は、活用の有無から「静辞(今の助詞)」「動辞(今の助動詞)」に分けられている。詞は、「説動用詞(今の動詞)」「説容体詞(今の形容詞)」に分けられ、説動用詞は、さらに五種に分けられている。ラ変動詞が「変格詞」の名で動詞の一類として取り出されていることは注目してよい。

　ラ変は、富士谷成章が動詞類を大きく二つに分けたその一つとし、富樫広蔭が動詞類五種の一つとしているのに対して、鈴木朖では形容詞類に入れられている。さらに、後の山田孝雄では、動詞からも形容詞からも分けられ、存在詞として取り出されている。

4.2.8　語学新書

　長崎には蘭通詞が居て、蘭語文典(藤林晋山の『和蘭語法解』が文化 9(1812)年に成り、文化 12(1815)年に刊行)などの研究も行われていた。蘭語文典を模倣した日本語研究書に、鶴峯戊申の『語学新書』(天保 4(1833)刊)がある。鶴峯は、単語を「実体言(「山、月」など)」「虚体言(「深き淵、見べき君」など)」「代名言(かへりことば)(「者、汝」など)」「連体言(「降る雪、結びし水」など)」「活用言「動かす、動かさる」など)」「形容言(「うたて、ふかく染て」など)」「接続言(「と、あるは、さて」など)」「指示言(「の・に・を」など)」「感動言(「あな、や」など)」の九種に

『語学新書』

（架蔵）

分けている。

　また、体言類的なものに「能主格（モノスルサダマリ）・所生格（ウマセラルヽサダマリ）・所与格（アタヘラルヽサダマリ）・所役格（ツカハルヽサダマリ）・所奪格（トラルヽサダマリ）・呼召格（ヨブサダマリ）」の六格を、用言類に「現在格（メノマエノサダマリ）・過去格（コシカタノサダマリ）・未来格（ユクサキノサダマリ）」の三格を認めている。

5　第二期の研究

　明治以後の第二期は、言語研究が社会制度や政治的思潮の影響を受けながらも、言語研究がそれ自体を目的として行われたところの日本語研究の自立期に当たる。

　明治以後の言語研究とそれ以前の言語研究とを分かつものは、

西洋言語学・西洋文典からの影響の有無、その質的・量的あり方の異なりである。明治以後の日本の言語研究の歩みは、西洋言語学・西洋文典の吸収・消化、そしてそれとの対決にあったと概略言うことができる。西洋を抜いて考えられないのが明治初期から現在に至るまでのこの期の言語研究のあり方であろう。

また、学は自ら生成・発展する環境としての社会制度や政治的思潮からの影響をなにがしかは常に受けるものであるにしても、明治以降の日本語研究を性格づけるものの一つとして、日本の近代国家へ向けての発進、そしてそれに伴う「国語」といった概念・捉え方の成立を挙げないわけにはいかない。

5.1 明治初期の文法研究―洋式文典の多出―

西洋文典からの影響、その消化・吸収といった明治以降の日本の文法研究の特徴を象徴的に物語るものとして、明治初期における洋式(模倣)文典の多出を挙げることができる。田中義廉『小学日本文典』(明治7(1874))や中根淑『日本文典』(明治9(1876))などが、その代表的なものであり、また、馬場辰猪がロンドンで英語で出した *An Elementary Grammar of the Japanese Language*(明治6(1873)―通称『日本文典初歩』―)が挙げられる。明治20年頃までに、30種に近い洋式文典が刊行されている。上掲の書を除いたいくつかを刊行順に挙げていこう。

古川正雄『絵入智慧の環』(明治3(1870)〜5(1872))、黒川真頼『皇国文典初学』(明治6(1873))、南部義籌(NANBU YOSIKAZU)『横文字綴日本文典初学』(*A NIPPON BUNTEN UHI-MANABI*)』(明治7(1874))、小笠原長道『日本小文典』(明治9(1876))、藤井惟勉『日本文法書』(明治10(1877))、旗野十一郎『日本詞学入門』(明

『日本文典初歩』

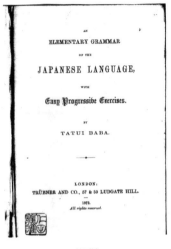

AN

ELEMENTARY GRAMMAR

OF THE

JAPANESE LANGUAGE,

WITH

Easy Progressive Exercises.

BY

TATUI BABA.

LONDON:
TRÜBNER AND CO., 57 & 59 LUDGATE HILL.
1873.
All rights reserved.

（架蔵）

治11（1878））、加部厳夫『語学訓蒙』（明治12（1879））、阿保友一郎『日本文法』（明治15（1882）〜16（1883））、近藤真琴『詞の園』（明治18（1885））［辞書、その第一分冊に「ことばのそのはじめのまき」として文典を収める］、ビー，エッチ、チャンブレン『日本小文典』（明治20（1987））などが挙げられる。

　西洋言語学・西洋文典からの影響を抜きにしては、明治以降の日本語研究・文法研究の発展を正確に語ることができない以上、明治初期の洋式文典が、内容的には取るに足らない群小的存在であるにしても、それがどの様なものであったのかを確認しておくことが必要になろう。その意味では、従来の研究史は明治初期の洋式文典を看過し過ぎてきた。以下、明治初期の洋式文典の内容を少しばかり具体的に見ておくことにする。

5.1.1 『絵入智慧の環』

これは、教科書として編まれたもので、下4冊が「詞の巻」として文法の記述を有している。管見に入ったものの中では、この『絵入智慧の環』が、西洋文典流の品詞分類を採用した最も古いものである。既に、この書では「品詞(ひんし)」など用語が使われており、品詞は8種に分かたれている。「なことば(名詞)」「かへことば(代名詞)」「さまことば(形容詞)」「はたらきことば(動詞)」「そひことば(副詞)」「あとことば(後詞)」「つなぎことば(接続詞)」「なげきことば(歎息詞)」の8種である。

「なことば」については、「月、人麻呂、水」などの例を挙げ、「みぎの　たぐいの　ことばは、ひと　または、ものゝ　な　にし　あれば、これを　なづけて　なことば　とは　いふなり」と述べている。

また、「かへことば」については、「われ、きみ、あれ、この、なに」などを挙げ、「なに　かへて　いふ　ことば　なれば、これを　なづけて　かへことば　といふ」と述べ、人称・性・数・格といったものを論じている。

「さまことば」に対しては、「青空、ながき夜、ひと月、降る雪」の下線部のようなものが、これであるとし、「ものゝ　さまを　いへる　ことば　なれば、これを　なづけて　さまことばといふ」と説明している。

さらに、「はたらきことば」については、「見る、散る、誘はる」などの例を挙げ、「ものゝ　はたらきを　いふ　ことば　なれば、これを　なづけて　はたらきことば　といふ」と述べ、「はたらきことば」の下位類化を行い、時や直接法・疑問法・命令法・不定法・打消といった「いひかた(法)」についても論じている。

また、「そひことば」として、「よく見る、いと長き、はなはだ遅く流る」のような例を挙げ、「はたらきことば　または　さまことばに　つきそひて、その　こゝろを　つよくもし　よわくもし、あるひは　…　しもの　そひことばに　つきそひて、またその　こゝろを　つよくもし　よわくもする　ことば　なり」と説明している。

　「あとことば」については、「あとことばとは、…　なことばまたは　かへことば　のあとに　つきて　それと　ほかの　ことば　との　なかだちに　なる　ことば　なり」と述べ、「が、の、に、を、へ、と、より、から」といった例を挙げている。

　また、「つなぎことば」とは、「梅と桜」や「て、ば」さらに「あるいは、また」といったもののことであり、「ことばと　ことばを　つなぎ、または　句と句を　つなぐ　ことば　なり」と説明している。

　さらに、「なげきことば」については、「かなしき　うれしきなどに　つきて、…　おぼえず　くちに　いづる　ことば　なり」と述べ、「あゝ、やあ、おや、えゝ」などといった例を挙げている。

　古川正雄は、福沢諭吉のもとで蘭学、後に英学を学ぶ。このような洋式文典流の記述が、明治の極初期に小学用の教科書として刊行されたことは、注目してよい。

5.1.2　*A NIPPON BUNTEN UHI-MANABI*

15頁少しの小型本に過ぎないが、ローマ字で書かれているのが、この書の特徴である。著者の南部義籌は、ローマ字国字論の先駆をなす「修国語論」を、明治2年に大学頭山内容堂に建議した人物である。*A NIPPON BUNTEN UHI-MANABI* では、単語

は 10 種に分けられている。'Nakotoba''Kazukotoba''Kahekotoba'
'Atokotoba''Hatarakikotoba''Tasukekotoba''Samakotoba''Sohekotob
a''Tunagikotoba''Nagekikotoba' の 10 種である。この 10 種につい
ては、'Atokotoba' として助詞だけでなく、助動詞に当たるもの
を 'Tasukekotoba' として独立させているのが注目される。

5.1.3 『小学日本文典』

　洋式文典模倣時代の著述として、注目すべきものは、やはり、
田中義廉と中根淑の著述であろう。田中には、『小学日本文典』
を補訂簡略化した『日本小文典』(明治 10 刊)がある。

　田中の『小学日本文典』は、単語を 7 種に分けている。「名詞」
「形容詞」「代名詞」「動詞」「副詞」「接続詞」「感詞」の 7 品詞で
ある。

　「名詞」については、「万物の名目を示す詞」とし、転成名詞、
複合名詞などについて述べ、性や格について論じている。テニヲ
ハを語として認めず、名詞の格(格に 4 種を設定)として名詞の箇
所(条件等に関わるものは接続詞の箇所)で取り扱っている。テニ
ヲハを語として認めない点、後の松下大三郎や鈴木重幸『日本語
文法・形態論』などの取り扱いに通ずるところを有している。

　また、「形容詞」について、「名詞の現したる、動、植、事、物
の性質、形状を精く示すものにして、常に、名詞の前にあり」と
述べ、「良キ人、大ナル家、右ノ手、男ラシキ人、見ルベキ書」
などの下線部のような例を挙げ、「キ、ナル、ノ、ラシキ、ベキ」
などを形容詞の語尾としている。

　「代名詞」に対しては、「物名に代ふる詞なり」と述べ、「一度
記したる名詞に代へ用うる」ことをその働きとして捉え、「人代

名詞」「指示代名詞」など5種に分けている。

さらに、「動詞」については、「事物の作動、仕業等、百般の状態を示す」と述べ、「実に文章中、主格の名詞と共に最首要の詞なり」と位置づける。また、動詞の種類として、他動詞・自動詞を分け、能動・受動を述べ、法について論じている。

「副詞」に対しては、「動詞の示したる作動、及び形容詞の示したる性質等を、猶精密に説示する詞」と位置づけ、動詞、形容詞、副詞に副うことを述べ、13種に分かっている。「其処ニ、今日、第一ニ、十分、強ク、必ズ、否、バカリ、共ニ、疑ラクハ、何故ニ」などは、いずれも副詞である。

「詞を接ぎ、句を合せ、或は文章を連続する」ものとして位置づけられる「接続詞」は、二種に大別されている。第一種は、「ヨリ、上、前、就テ、於テ」などの例を挙げ、名詞の位地を審定するものと述べ、「後詞」とも名づけられるとしている（事実後の『日本小文典』では独立させている）。ほぼ、第二種が、他の文典でも接続詞と呼ばれるものに当たり、「夏ト秋」「従テ、或ハ、ドモ」などが挙げられている。

「感詞」については、「喜怒哀楽の情に感じて、思はず発する詞なり」と述べ、さらに擬声語の類いを取り扱っている。

田中の『小学日本文典』は、比較的まとまったかなり大部の最初の本格的な洋式文典として位置づけられよう。

5.1.4 『日本文典』

さらに、注目すべきは、中根淑の『日本文典』である。この書は、単語を「名詞」「代名詞」「形容詞」「動詞」「副詞」「後詞」「接続詞」「感歎詞」の8品詞に分けている。

「名詞」については、「月、鳥、悪」などの例を挙げ、「文章中ノ主本タル者ニシテ、…指シテ以名クベキ者、皆之ヲ名詞ト云フ」と述べ、普通名詞・固有名詞・無形名詞の3種に分け、総ての名詞に数、人を表す名詞には性の存在を指摘している。また、テニヲハは名詞の格ではなく「後詞」である、と論じている。

　「代名詞」については、「人又ハ事物ノ名ノ代リニ用フル者」と述べ、人代名詞・普通代名詞・疑問代名詞に大別している。普通代名詞とは「コ、コレ」などの類である。

　「形容詞」に対しては、「大抵名詞ノ上或ハ下、若クハ文中ニ在リテ、事物ノ…形状ヲ精密ニ形ス者ナリ」と述べ、形態の上から、語尾に「キ」を含むもの（「浅キ川」）、他の詞を履むもの（「古メキタル家、花ノ姿」）、形を変せざるもの（「路漫々」）を分けている。「タル、ノ」を形容詞の語尾ではなく、後詞・助動詞であるとしているのは、田中義廉に比べ、一歩日本語の実状に近付いてはいるが、まだ「路漫々」のようなものが挙げられている。

　「動詞」については、「文章中ニ在リテ、名詞ノ働キヲ形ス者」と述べ、自動詞・他動詞を分かち、順用動詞・逆用動詞という名称で能動・受動に触れ、動詞の意味の不足を補う動詞すなわち「助動詞」を論じている。

　「副詞」に対しては、動詞に副ふものを「正用」とし、他の詞に副ふものを「変用」とし、変用副詞として、名詞に副ふもの・代名詞に副ふもの・形容詞に副ふもの・接続詞に副ふもの・副詞に副ふものを取り挙げている。

　「後詞」は、ほぼ今で言う助詞に当たるもので、「ガ、ヲ、ニ、ヘ、カラ、マデ、ハ、モ、コソ、サヘ」などを挙げ、「名詞及ビ其ノ他ノ詞ニ陪シテ、以種々意味ヲ形ス者ナリ」と述べ、「バ、

ド、テ、デ」を動詞所属の後詞として特立している。

「接続詞」の説明・例で注目すべきは、従来の多くの文典が接続詞として挙げている「山ト山」「行キテ観ル」の「ト、テ」を、後詞であって接続詞でない、としていることである。「山又山」「行キ且観ル」や「及ビ、故ニ、亦、但シ」などの類が、中根の言う接続詞である。

「感歎詞」については、「間投詞」といった別名をも提出している。

田中の『小学日本文典』から中根の『日本文典』への歩みは、西洋文典の枠組みに拠りながらも、記述のあり方・内容を少しでも日本語の実態に近づけるための努力の歩みであった。こういった歩みの結果、それなりに成功を収めた和洋折衷文典として、大槻文彦の『語法指南(日本文典摘録)』が成立することになるのである。

もっとも、この期に江戸期からの伝統を引く(いわゆる八衢学派の)文法書がなかったわけではない。堀秀成『日本語学階梯』(明治10(1877)刊)や佐藤誠実『語学指南』(明治12(1879)刊)などがある。

5.2 西洋近代言語学の移入と「国語」の学としての日本語研究

5.2.1 上田万年

日本の近代言語学の成立・発展・そのあり方は、西洋の近代言語学の影響、および近代国家の成立・維持の一要件としての言語(日本語を日本という国家の言語、つまり「国語」)への意識の目覚め・昂揚を抜いては、正確に跡づけることはできない。

こういった明治期の日本語研究の二つの特徴を見事に体現しているのが、日本における近代的な言語学・国語学の創始者たる上田万年である。東京帝国大学に博言学科ができたのは、明治19（1886）年のことであり、そして、B.H. Chamberlain（チェンバレン）から教えを受け、3年半のドイツ・フランスからの留学を終えた上田万年が博言学の講座担当になったのが、明治27（1894）年である。ここに日本人の手になる日本の近代言語学が始動することになる。上田は、西洋から比較言語学・歴史言語学を持ち帰り、それを大学で「言語学」として講義し、近代的な言語研究者の目から「国語学史」を講じている。言語学の講義の中では、フンボルト（Humboldt）、ガーベレンツ（Gabelentz）、ホイットニー（Whitney）、マックス・ミュラー（Müller）、パウル（Paul）などの名を挙げている。特に、上田の持ち帰った H. パウルの『言語史原理（*Prinzipien der Sprachgeshichte*）』は、新村出や橋本進吉らに多大の影響を与えることになる。また、上田は、近代的な日本語研究の始動のために貴重かつ重要な文献の収集を指導し、多くの後進を育てた。上田の指導の元から橋本進吉の日本語史学、東条操の方言学、金田一京助のアイヌ語学などが生まれることになる。

　もちろん、「P → F → H」といった音韻の変化が日本語にもあったことを示そうとした「P 音考」（『国語のため・第二』所収）のような研究がないわけではないが、上田は、さほど自らの手で具体的な日本の言語学・国語学を作ることはなかった。日本の近代言語学・国語学の第一世代たる上田万年には、第一世代であるがゆえに、個々の実証的な研究に憂き身をやつすよりも、近代的な言語学・国語学を、この地に移し、広め、根づかせることが、第一の責務であったのであろう。上田が日本に帰ってきた明治の中期

には、日本には未だ近代的と呼びうる言語研究は存していなかった。帰国した明治27年に行った講演「国語と国家と」において、

> …国語研究の準備が、他日伯林か、或は倫敦かにまで行かねば為されぬ様にならんとするは、決して考ふるだも快き事にはあらざるなり。

と述べているのは、そのことを物語っている。

　上田の学的営みは、上田の個性によるところもあったであろうが、それよりも、日本における近代言語学・国語学の第一世代たること、明治という時代に大きく特徴づけられたものである。文部省専門学務局長（明治31～35年）の地位にもあり、国語調査委員会を主事として率いた上田万年の言語学・国語学は、啓蒙的であり、極めて社会活動的であり（上田は国語学の国語教育への応用にも努めた）、国家および国家の言語としての「国語」というものを意識したところのものである。『国語のため』（明治28 (1985)）の扉に記されている

　　国語は帝室の藩屏なり　　国語は国民の慈母なり

といった言葉は、こういった上田の国語観を象徴的に物語っている。同じ趣旨の文言は、明治27年10月に行った講演「国語と国家と」でも語られている（ちなみにこの年の8月に日清戦争が起こっている）。

　ただ、こういった考え方は、何も上田に限ったことではない。関根正直が『国語学』（明治24 (1891)）の緒言で、

国語ハ国民一統に貫通し、外邦に対して、我が同胞一体の感
　覚を喚起する、本邦特有の現象にして、国語の一定せるハ国
　家の独立なるを代表するに足るべく、…

と述べているのも、同じ国語観を示している。
　ちなみに、教科名としての「国語」は、明治19（1886）年の「中
学校令」の第七条に基づく「尋常中学校ノ学科及其程度」におい
て、「国語及漢文」として登場することになる。

5.2.2　国語調査委員会の活動

　日清戦争を経験したことをも受け、国家の言語としての「国
語」といった意識が高まるにつれて、国民の間でも国語国字問題
への関心が広まり、識者によって国語に関する国家的調査機関の
必要性が唱えられることになる。貴族院・衆議院から「国字国
語国文ノ改良ニ関スル建議」が政府に送られ、明治33（1900）年
に文部省に国語調査委員会が設けられ、予備的調査の結果、明治
35年、国語調査委員会の官制が発布された。
　委員会は、調査項目として、「音韻文字を採用するに当たって
の仮名・ローマ字の調査」「言文一致の調査」「音韻組織の調査」
「方言の調査及標準語の選定」などを定め、委員に、主査委員と
して上田万年・大槻文彦（上田は主事でもある）、補助委員として
保科孝一・岡田正美・新村出・大矢透・亀田次郎・山田孝雄など
を任じることになる。大正2（1913）年、行政整理の結果廃止され
ることになるが、それまでの間に、

　　『音韻調査報告書（2冊）』『音韻分布図（29枚）』

(明治 38(1905))

『口語法調査報告書(2 冊)』『口語法分布図(37 枚)』

(明治 39(1906))

『仮名遣及仮名字体沿革史料(1 冊)』大矢透　　(明治 42(1909))

『平家物語につきての研究(3 冊)』山田孝雄

(明治 44(1911)、大正 3(1914)

『口語法(1 冊)』大槻文彦ら　　　　　　　　(大正 5(1916))

『口語法別記(1 冊)』大槻文彦　　　　　　　(大正 6(1917))

などの研究成果を残している。設置の主たる目的が国語問題解決への寄与であったにしても、基礎的研究に力を注いだことなどにより、国語調査委員会が明治後期の日本語研究史上において残した成果は、高く評価されるものであった。また、実力・学識はあったものの学歴が無かった山田孝雄を世に出したことなども、功績の一つに数えてよかろう。

5.2.3　方言研究

国家の統一は言語の統一を抜きにしては考えられない。日本という国家の言語としての「国語」といった意識は、また、標準語の制定を目指させ、その準備としての方言研究を推進させることになる。

方言は国民の交流の障害であるとし、標準語の制定の必要性を説き、そのために方言調査を全国にわたって行うべきという提唱を早い時期にしている人に三宅米吉がいる。三宅は、『かな の しるべ』(明治 17(1884)) に、「くにぐに　の　なまり　ことば　につきて」を書き、日本全土が多数の藩に分かれて、交通が遮断さ

れていたことに、方言多存の基因を求め、

　　　ただ　なを　ますます　くにぐに　の　ゆきき　の　べんり
　　　を　まし　その　ゆきき　を　しげく　し、まじらい　を
　　　あつく　させ、しらず　しらず　みづから　あらためさする
　　　に　しく　なかる　べし。

と統一への方途を説いている。この方法は、社会の交流を発展さ
せることにより、統一をおのずと進める、といったものであった。
　それに対して、上田万年は、『帝国文学』の創刊号（明治 28 年
1 月）で、

　　　最大多数の人に、最も有効的に標準語を使用せしむるは教育
　　　の力なり。

と述べ、また、明治 28 年 1 月に行った講演「教育上国語学者の
抛棄し居る一大要点」において、各地の方言を撲滅するという趣
旨ではないが、全国の言語を一統する目的のために、言語につい
て中央集権主義を取る、といった主張を行っている（ちなみに、
この論文、講演は日清戦争中のもの）。
　日本が近代国家としての地歩を進め、言語の統一が重要課題に
なってくるとともに、方言研究も次第に盛んになってくる。明治
30 年、東京帝国大学文科大学学長外山正一が研究者を方言調査
のために各地に派遣したこともあって、この頃から、各地の方言
集が出はじめる。明治 30 年以降、保科孝一や新村出の研究が出
る。保科は、明治 31 年『帝国文学』(4 巻)に「方言に就きて」を

連載し、新村出は、明治 35 年『言語学雑誌』(3 巻)に「方言の調べ方に関する注意」を掲載している。ただ、何といっても明治期の方言研究の最高峰は、既に挙げた国語調査委員会の『音韻調査報告書』『音韻分布図』『口語法調査報告書』『口語法分布図』である。また、忘れてはならないのが、沖縄方言の名詞・代名詞・後置詞・数詞・動詞・形容詞・副詞・接続詞・感嘆詞について記述し、統語論を概説したチェンバレンの *Essay in Aid of a Grammar and Dictionary of the Luchuan Langauage*（『日本アジア協会会報』23 巻、明治 28(1895)）である。

　その後、東条操の方言区画論が出る。東条は、まず『国語教育』6 巻 6 号（大正 10(1921)）に「我国の方言区画」を発表し、それを発展させて、昭和 2(1927)年に『大日本方言地図・国語の方言区画』を著し、日本語を、まず内地方言と琉球方言に、内地方言を本州方言と九州方言に、本州方言をさらに東部・中部・西部方言に分けている。また、柳田国男は、フランスの言語地理学の影響もあって、昭和 2 年、『人類学雑誌』(42 巻)に「蝸牛考」を連載し、方言周圏論を提示することになる。これは、日本の言語地理学の源泉をなすものとして注目されよう。

　第二次大戦後、国立国語研究所から『日本言語地図』全 6 巻（昭和 41(1966)～49(1974)）が出ることになる。これは、戦後の方言研究の大きな成果の一つであろう。

5.3　文法研究を中心としたその後の展開

　以下、文法研究史を中心に明治中頃以降の日本語研究の歴史を概観する。

5.3.1 大槻文彦

5.3.1.1 『言海』の誕生

　明治初期の洋式文典派と八衢学派との統一・折衷を図ったのが
<ruby>大槻文彦<rt>おおつきふみひこ</rt></ruby>であるが、大槻の文法研究は、まず辞書のためのもので
あった。大槻が『<ruby>日本<rt></rt></ruby>辞書言海』の「編纂ノ大意」の箇所で、

> 辞書ハ文法ノ規定ニ拠リテ作ラルベキモノニシテ、辞書ト文
> 法トハ、離ルベカラザルモノナリ。而シテ、文法ヲ知ラザル
> モノ、辞書ヲ使用スベカラズ、辞書ヲ使用セムホドノ者ハ、
> 文法ヲ知レル者タルベシ。

と述べているのは、このことを物語っている。

　大槻文彦が、幼い娘を死なせ妻を失いながらも、「およそ、事
業は、みだりに興すことあるべからず、思ひさだめて興すことあ
らば、遂げずばやまじ、の精神なかるべからず」(『言海』奥書)
という父の戒めを守り、17年間心血を注いだ『言海』(奥付けの
印には「ことばのうみ」)の最後の第四分冊を刊行したのは、明治
24(1891)年4月22日のことであった。対訳辞書としては、ヘボ
ンの『和英語林集成』がこの時までに既に4版を重ねていたが、
よく完備した大規模な「普通語」の国語辞書としては、『言海』
が最初のものであった。もっとも、近藤真琴の『ことばのその(詞
の園)』が明治18(1885)年に出ているが、語数・説明の詳しさな
ど完成度の点において、『言海』とはかなりの開きが存在する。

　少し『詞の園』と『言海』の記述を比べてみる。それぞれ、品
詞名・活用の型・通用漢字・語釈を挙げている。

いきとまる　ワ　ヒトリ　四　いきのこる　（『詞の園』）
いき - とまる　ル . レ . ラ . リ . レ（自動）（規 . 一）｜生止｜
生キテ世ニ留マル。　イキノコル。　生存（『言海』）

『詞の園』の略語、「ワ」は「ワザコトバ」の略で動詞に当たり、
「ヒトリ」は概略今の自動詞に該当する。『言海』の『規 . 一』は
四段活用に当たる。さらに、『言海』では、有れば最後に漢語型
の漢字表記を記している。また、「いきなり」といった語は、『詞
の園』には収録されていないが、『言海』では「いき - なり　（副）
｜行成｜　事ノ成リ行クママニ。　程ヲハカラズニ。　ソノママスグ
ニ。（東京俗言）唐突」という記述が見える。
　普通語とは、通用語のことである。通用語を集めたというとこ
ろにも、『言海』の近代性がある。大規模な普通語辞典たる『言
海』の編纂、そしてその完成は、一つの国家的事業ですらある。
事実、国家的事業であった。編纂は、まず明治 8 年文部省の官命
によって始められたのである。近代国家は、ひとしなみに近代的
な国語辞典を有している。イギリスのジョンソンの *A Dictionary
of the English Language* しかり、アメリカのウェブスターの *An
American Dictionary of the English Language* しかりである。日本も、
『言海』を有することによって、不十分であるにしても、はじめ
て近代国家に肩を並べたことになる。大槻の『言海』の編纂を
支えたものの一つには、そういった近代国家を十分意識したとこ
ろから生まれてくる、日本へのナショナリズムがあり、この日本
を近代化せんとする気概があった、と思われる。こういった意識
は、ひとり大槻に限らない。既に見た上田万年しかりであり、明
治期の日本語研究の底を流れていた精神であろう。

5.3.1.2 『広日本文典』

　大槻文彦の文法研究の代表的な著作が、『広日本文典』(明治30(1897))である。これは、『日本辞書言海』のために編まれた「語法指南(日本文典摘録)」(『言海』の第一分冊の巻頭に付されて、明治22(1889)年5月に刊行、その後「語法指南」は、明治23年、『語法指南』として単独刊行される)を増補・改訂したものである。『広日本文典』には『広日本文典別記』が付いている。

　『広日本文典』は、文字篇・単語篇・文章篇から成っている。単語は、名詞・動詞・形容詞・助動詞・副詞・接続詞・弖爾乎波・感動詞の八品詞に分けられている。

　名詞については、「有形、無形、ノ一切ノ事物ノ名ヲイフ語ニテ、且其下、<u>が</u>、<u>の</u>、<u>に</u>、<u>を</u>、<u>と</u>、<u>へ</u>、<u>より</u>、<u>まで</u>、等ノ弖爾乎波ニ接スベキモノヲイフ。」と述べ、明治初期の洋式文典で一類にされることの多かった代名詞や、形容詞の一種とされることもあった数詞を、文中における位置や用法から、名詞の一種であると指摘している。

　動詞に対しては、「事物ノ、有意ノ動作、又ハ無意ノ作用ヲイフ語ナリ。」と述べ、「自動」と「他動」に大別し、さらに「鳥、<u>鳴く</u>」のような「無対自動」、「鏡、柱に<u>懸る</u>」のような「有対自動」、「蚕、糸を<u>吐く</u>」のような「単対他動」、「使を都に<u>遣る</u>」のような「複対他動」に細分している。また、動詞の活用による動詞の構文的な働きの違いを「法」と呼び、「終止法」「連体法」「不定法」「中止法」「連用法」「名詞法」「命令法」に分け、その一つたる終止法に、「尋常の結法」を形作る「第一終止法」、「<u>ぞ・なむ・や・か</u>、の結法」を形作る第二終止法、「<u>こそ</u>、の結法」を形作る「第三終止法」の三種を区別する。いわゆる係り結びの認

定である。

形容詞については、「事物ノ状態、性質、情意、等ヲ形容シテイフ語ナリ。」と述べ、「動詞ノ如ク、語尾ニ、活用アリ、法」あることを指摘している。

「助動詞」の明確な抽出は、初期の洋式文典からの進展であろう。「其意ヲ尽サヾルヲ助ケムガ為ニ、其下ニ付キテ、更ニ、種々ノ意義ヲ添フル語ナリ。」と説明し、名詞や形容詞や副詞に付くものの存在も指摘している。

「副詞」に対しては、動詞・形容詞・副詞に副い、その意味を種々に修飾する語と規定し、「善く改まる」などを、品詞として副詞とせず、形容詞の副詞法としている。この点も、初期洋式文典からの一つの進歩である。

「接続詞」については、「並ビタル同趣ノ文、又ハ、句ノ間ニ入リテ、上下ヲ続ギ合ハス語ナリ、」と述べ、「山を越え、又水を渉る」「書を読み、且字を記す」といった例を挙げている。

「弖爾乎波」に対しては、非独立、他の語との関係を示すといった性質を指摘し、名詞に付くもの、種々の語に付くもの、動詞・形容詞・助動詞に付くものの三類に分けている。

「感動詞」については、喜怒哀楽など人情、感動する所に発する声である、と説明している。「あな・やあ・いざ」といった上に来るものだけでなく、今で言う「感動助詞（終助詞）」の類い（たとえば、「月よ」「夜はの月かな」など）をも感動詞に入れている。

文章篇では、「主語」「説明語（述語のこと）」「客語」などについて説明し、「文」に対して、「言語ヲ書ニ筆シテ、其思想ノ完結シタル」ものといった規定を与えている。

大槻文法の特徴は、西洋文典の枠組みと日本語の言語事実との

調和を計ろうとしたところにある。形容詞の項にそのことをよく見て取ることができよう。大槻は、「国語ノ形容詞ハ、洋文法ノ訳語ニイフ形容詞ト、意義ハ相似タレド、語体、用法其ダ異ナリ、」(『別記』)と述べ、それ以前の洋式文典の「高き、深き」は形容詞、「高く、深く」は副詞、といった取り扱いを批判している。中根のこの種の問題に対する扱い方と比べれば、大きな進歩である。こういった所にも、大槻の日本語の言語事実による西洋文典の枠組みの批判的摂取を見ることができる。大槻の『広日本文典』は、西洋文典の枠組みの批判的摂取による我が国最初の組織立った近代的文典であり、現在の学校文法の淵源となるのである、と位置づけることができるだろう。

いわゆる和洋折衷文典は大槻文彦のものだけではない。明治のこの時期になると、学校制度の充実に伴って、和洋折衷文典が中等学校用の教科用文典としていくつも出版される(もっとも中等学校といっても、義務教育ではなく、概略、就学者が、尋常・高等小学校合わせて 500 万に対して、中学・高等女学校 12 万といった時代の中等学校である)。そのような教科用文典として、比較的注目すべきものに、三土忠造『中等国文典』3 巻(明治 31(1898)年)や芳賀矢一『中等教科明治文典』3 巻(明治 37(1904)年)が挙げられる。

5.3.2 山田孝雄の文法研究とその流れ

5.3.2.1 山田文法

(1) その概要

伝統的な文法研究を十分考慮に入れ、H.Sweet(スイート)や

J.C.A.Heyse（ハイゼ）の文典のみならず、西洋の論理学や心理学
（ヴント（Wundt））をも十分見据えながら、独自のしかも雄大な理
論体系を構築した者に、山田孝雄がいる。

　山田孝雄が本格的に文法研究に勤しむ契機になったものの一つ
に、未だ彼が一介の田舎教師であった頃、学生から受けた「ハ」
に関する質問があった、ということは、つとに名高い。契機は、
また彼の文法研究を性格づけることになった重要な一要素でも
あった。いわゆる係助詞に関する考察・考え方は、見え隠れしな
がら、彼の文法論全体にまとわりつき、彼の文法論を貫く一本の
糸をなしている。契機は、彼の学的精神、そして、学的営み・学
的成果の現れに影響を与えことになる。

　山田は、独学の士である（大学で近代的な言語学・国語学の知
識を受けた人間ではなかった）。近代言語学が重視した音声研究
が山田にないに等しいのは、大学等で近代言語学を系統的に学ん
でいないことが、関係しているのかもしれない（もっとも、これ
は、山田の業績が偉大であることを低めることには、全くならな
い）。独学であったこともあって、山田は長い間世俗的には不遇
であった。山田が東北帝国大学の講師を嘱託されたのは、大正
14（1925）年、50歳の時である。また、明治35（1902）年に提出し
た学位請求論文は、26年間以上放置されたのち、昭和4（1929）
年、文学博士の学位を授与されることになる。この時既に山田は
東北帝国大学の教授であった。

　山田は、国語学者や国文学者や歴史学者といった捉え方だけで
は捉えることのできない研究の広さを有していた。言ってみれば
「国学の士」である。江戸期の日本語研究の成果を、真正面から
受け止めたのも、やはり山田である。

山田には、多数の著作があり、『日本文法論』(明41(1908))や『日本文法学概論』(昭和11(1936))は代表的なものである。また、専ら口語を扱ったものに、『日本口語法講義』(大正11(1922))がある。

　山田の文法論は、大きく語論と句論に分かれる。語論は、単語を思想表現の材料としての見地から考察した分野で、品詞の分類・記述といった単語の性質を扱った「性質論」と、転成や用法といった単語の運用を考察した「運用論」とに分かれる。山田によれば、単語とは、言語を分解していった極に達した単位で、独立して概念を表し思想発表に用いられる直接の材料といったものである。

　そして、性質論の中心課題たる単語は、

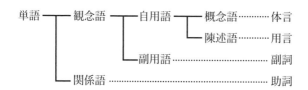

のように大きく「体言・用言・副詞・助詞」の四類に分類される。富士谷成章の「名・装・挿頭・脚結」の影響を見て取ることができよう。

　用言は「実質用言」と「形式用言」に分かたれている。実質用言には、いわゆる動詞や形容詞が含まれる。形式用言とは、具体的な属性の観念を欠いているもので、指定を表す「ダ」の類も、「存在詞」として形式用言の一種として扱われている。また、いわゆる助動詞は、「複語尾」として語以下の存在、用言の語尾の

複雑に発達せるものとして用言の一部とされている。

　「副詞」は、「語又は思想及び文の装定をなすが為に、それにたよりて用ゐらるゝ単語をさせるなり。」（『日本文法学概論』）と規定され、いわゆる副詞だけでなく、接続詞・感動詞が含まれている。これらは、さらに

のように細分されている。

　語の運用論は、語の用法が中心課題である。語の運用とは語の位格の問題である。位格として、「呼格・主格・述格・賓格・補格・連体格・修飾格」といったものが設定されている。たとえば、「山田ハ学者ダ」であれば、「学者」が賓格、「ダ」が述格である。述格とは用言が「陳述」をなす時の位格である。そして、この陳述が山田の中心問題となるのである。

　句論は、文を構成する法則を扱う部門であり、句論の単位は句である。句論にも、句の規定・句の類別を考察する「性質論」と、句の運用がされて文が形成されるあり方、単文と複文（重文・合文・有属文）といった文の類別を扱う「運用論」とが存在する。

　以下、後の文法研究に多大の影響を与えることになる、文の成立・規定に対する考察・「ハ」に関する論究、といった山田の研究の中核部分について、少しばかり詳しく見ておくことにする。

(2)文の成立をめぐって

ⅰ）山田の文認定の出発点

　山田以前の文規定は、大槻文彦の「其ノ思想ノ完結シタルヲ、「文」又ハ、「文章」トイヒ」や「主語ト説明語トヲ具シタルハ、文ナリ、文ニハ、必ズ、主語ト説明語トアルヲ要ス。」（『広日本文典』）に代表されるように、意味の完結性と主語・述語の完備を要件とするものであった。主語・述語の完備を文認定の要件とする限り、現実に存在する一語文的表現を無視するか、例外的なものとして処理するか、せざるをえない。それに対して、山田は、一語文的表現の存在を正当に評価し、文規定・文論全体における一語文あるいは一語文考察の占める位置を次のように述べる。

> 　従来の定義（筆者注：文定義のこと）の容れられざる事情の存する当面の事実は一の語にて一の文をなすもの存すといふことに存するを見るべし。これによりて考ふるに、一の句とは何ぞやといふ事の正確な見解を得むとするものは先づこの一語が一文たりうる事実を基礎として考へを進めざるべからず。…この事が句論研究の真正の出発点たるを認むべきなり。
>
> 　　　　　　　　　　　　　　　　　　　（『日本文法学概論』）

上引が示すごとく普通の表現として現実に存在する一語文的表現を含んだ形において、文規定を行おうとしたところに、山田の文規定の出発点がある。

ⅱ）一語文的表現の文としての認定―内容的側面の重視―

　山田によって文規定の出発点に据えられた一語文的表現、たとえば、「犬！」「火事！」などは、

> 即ちこの場合の「犬」「火事」…は語として見れば一語なる
> が、文として見れば一の文なるなり。そのこれを一の文とし
> て見るといふことは、これを或る思想の発表として用ゐたる
> が為にして、その外形は唯一の語に止まりて単純なるやうな
> れど、内部には思想の複雑なる活動の存するありて、その発
> 表が、この一語によりてなされたりといふに止まるのみ。
>
> （『日本文法学概論』）

というように、山田にあっては、それが表している「思想」といっ
た内容的側面において文として認定されることになる。
　山田は、文の外的・形式的規定が不必要だと考えていたわけで
はないが、十全な外的・形式的規定は不可能であると考えてい
た。そう考えた山田は、文成立・文規定の決め手を「思想」に求
めることになる。山田の文規定は、内容的側面重視の文規定であ
る。

iii）統覚作用

　思想に文成立の決め手を求めた山田は、思想成立を説明するた
めに「統覚作用」という概念を導入することになる。統覚作用に
ついて、

> 惟ふに思想とは人間意識の活動状態にして、各種の観念が或
> 一点に於いて関係を有する点に於いて合せられたるものなら
> ざるべからず。この結合点は唯一なるべし。意識の主点は一
> なればなり。この故に一の思想には一の結合作用存す。之を
> 統覚作用といふ。
>
> （『日本文法論』）

のように説明している。つまり、山田によれば、統覚作用とは、個々の観念を一点において結合する意識の作用であり、それによって、思想を思想として成立させる作用である、ということになる。

　さらに、山田は、統覚作用の内実を、

　　なほこゝに注意しおくべきは、吾人がこゝにいふ統覚作用とは、意識の総合作用を汎くさせるものなれば、説明、想像、疑問、命令、禁制、欲求、感動等一切の思想を網羅するものなり。
　　　　　　　　　　　　　　　　　　　　（『日本文法学概論』）

といったふうに、拡張されることになる。このため、山田の統覚作用という用語は、個々の観念を一点において一つに総合する作用と、総合されて出来上がった全体表象を話し手の立場からあるあり方で把握するという作用とを、未分化に含んでしまうことになる。後者は前者の存在を前提とした作用であり、前者と後者は別のものであろう。こういった統覚作用の拡張に、時枝誠記以後の陳述論を主体的意義寄りに歩ませる一つの契機を、読み取ることができよう。

ⅳ）文と句および句の類別

　山田は、文を構成する単位体的存在として、「句」を設定する。「句は文の素」であって、「文は句の運用」といったものである。一つの句で出来たものが「単文」である。そして、句は、

　　一の句とは統覚作用の一回の活動により組織せられたる思想の言語上の発表をいふ。
　　　　　　　　　　　　　　　　　　　　（『日本文法学概論』）

というふうに、統覚作用の存在によって、その成立を説明される。山田の文成立論は、基本的には、文構成の単体たる句についての論である。句の成立を述べることによって、文成立を述べるといったものである。句と文がレベルの違う存在であることを考えれば、やはり、句成立論だけではなく、文成立論が必要であった。

　このように認定された句は、思想発表の形式の違いによって、二種に分かたれる。「述体の句」と「喚体の句」である。述体の句とは、「山田は学者だ」のように、命題の形を取る二元性を有する句であって、述格を中心に構成されたもの、喚体の句とは、「妙なる笛の音よ」のように、直観的な一元性の句で、呼格体言を中心に構成されたものである。

ⅴ）陳述

　述体の句は、述格を中心に形成される。述格に立つことができるのは、用言である。その用言は、

　　…、用言の用言たる特徴は実にその陳述の作用をあらはす点
　　にあり。　　　　　　　　　　　　　　　　（『日本文法学概論』）

のごとく、「陳述」なる用語で本質規定を施される。山田の言う陳述の作用とは、用言が述格において発揮する作用で、思想を統一形成する作用であり、個々の概念の統一判定作用、主位と賓位に立つ概念の対比を前提にして、その異同を決定する作用にある。陳述は、用言が述格として述体の句の成立に対して不可欠の成分になることによって、句成立論と密接に結び付いてくることになる。陳述は、統覚の一部、しかし重要な一部、述体の句を成

立させることになる作用を、用言の文法機能として捉えたものである。

（3）係助詞「ハ」の問題

ⅰ）係り結び

係助詞「ハ」の本質の解明、および係り結びに対する考察も、山田文法の優れたところの一つである。「ガ」とは異なった「ハ」の機能を明確に指摘したのが、山田孝雄である。

宣長が、不十分ながらも、係り成分と結び成分との呼応を文の構造上の相関として捉える方向にあったのに対して、萩原広道、大槻文彦にあっては、正確にはなったものの、係り結びが終止成分の形態的なあり方とそれを導く係りの助詞への論に倭小化される方向にあった。これは、言ってみれば、係り結びの文構造論・文成立論から語論・形態論への倭小化である。こういった方向を正しく軌道修正し、さらに、係りと結びについてのより深化した論を展開させたのが山田孝雄である。

山田は、係り結びについて、

> 抑も係とは述語の上にありてその陳述の力に関与する義にして、結とは係の影響をうけて陳述をして終止するをいふなり。　　　　　　　　　　　　　　　（『日本文法学概論』）

と述べる。つまり、山田によれば、係りの本質は、述語の陳述に影響を与え、述語にある一定の陳述を要求することであり、結びの本質は、その影響に応じて、ある一定の陳述を取ることである。係りが、陳述に関与し、影響を与え、結びが、その影響を受けて、ある一定の陳述を取ることにある、とすることによって、

係り結びとは、山田にとって、決して形態的呼応といったレベルの現象ではなく、文（句）成立の根幹に関わる現象になる。

ⅱ）係助詞「ハ」の本質

　係り結びが上引のように捉えられることにおいて、係助詞「ハ」（係助詞といった名称は山田の手になる）も、陳述との関係において、

　　　係助詞は陳述をなす用言に関係ある語に附属して、その陳述
　　　に勢力を及ぼすものにして、…　　　　　　　（『日本文法学概論』）

のように捉えられることになる。

　したがって、「は」「も」も、この陳述・文成立の根幹に関わることにおいて、係助詞と認められることになる。そして、

　　（1）鳥は飛ぶ。
　　（2）鳥は飛ぶ時

などの例を挙げ、（1）の「鳥は」が「飛ぶ」に受け止められるのに対して、（2）の「鳥は」が「飛ぶ」に受け止められず、更なる述語を求めて係って行くことについて、（1）の「飛ぶ」が陳述をなすに用いられているのに対して、（2）の「飛ぶ」が他の語の装定に用いられている点にあると、その原因を説明する。そして、「下に陳述来らざれば治定」しない、といった「ハ」の本性を明るみに出している。こういった彼の「ハ」の論は、後に佐久間鼎や三上章などに影響を与えることになる。

山田文法は、文成立論に対する理論的な考察を加えた我が国最初のものである。また、西洋文典からの借り物ではなく、日本語に沈潜していくことによって日本文法を体系化した最初の近代的な文法論である。

5.3.3　松下大三郎の文法理論

文法研究ばかりからではなく近代西洋の諸科学からの養分を十分自分の物として吸収しながら独自の用語と強靭な科学精神で普遍文法を志向した者に、松下大三郎がいる。著作には、初期の物として『日本俗語文典』(明治34(1901))があり、代表的な物として『改撰標準日本文法』(昭和3(1928))——ちなみに『標準日本文法』は(大正13(1924))——や『標準日本口語法』(昭和5(1930))がある。また、中国人に対する日本語教育にも携わり、『漢訳日語階梯』(明治39(1906))といったテキストなどをも著している。

松下の文法研究は、文法法則を、思念にかかわる内面的法則と音声・外的形式にかかわる外面的法則とに分かち、前者は普遍的であり後者は個別的であるとし、この二法則を立体的に位置づけることによって、一般理論文法学の樹立を図ろうとしたものである。

5.3.3.1　文法研究へ

まず、松下の文法研究の契機・原動力にもなった学的精神、およびそれを支えた意識といったものに目を向けよう。辞典が出来上がれば、次は文典である。国語の整備なくしては、国家の教育もままならぬ、国家の近代化も富国強兵も望めない。こういった

意識は、大槻文彦や上田万年だけでなく、多かれ少なかれ当時の知識人が感じていたことであろう。数え年16歳の大三郎少年が文法研究を志して、東京への遊学の途についたのは、『言海』が出て、2年が過ぎた明治26年の夏のことである。松下は、この頃のことを後に、

> 私は少年の頃、当時最も世に行はれて居つた中等教育日本文典^{落合小中村}とスキントンの英文典の二書を読んで其の体系の優劣の甚しいのに驚いた。英文典は之を一読すれば和英辞典さへ有れば曲りなりにも英文が作れる。然らば英米人に日本文典と英和辞典を与へれば日本の文が作れるかといふと、そうは行かない。これ実に日本文典の不備からである。そう思つた私は僭越ながら自分が日本文典の完成に任じようといふ志を立て、明治二十六年の夏瓢然として東都遊学の途に上つたのであつた。　（『改撰標準日本文法』緒言、以下『改撰』と略）

のように記している。また、『日本俗語文典』の例言において、

> …古語は古代における国家の要具にして現代における国家の要具は現代の口頭語なり。……。我が国民の教育を司る小学中学に於て現代の口頭語を教へずして可なるか。……。これ余が菲才を顧みずして本書を著はし、人跡未到らざる沃野を開墾して国家の宝庫たる新開地をつくり、且つは懦眠せる我が言語学界に一打撃をあたへんとする所以なり。

と述べている。ここに読み取ることができるのは、自らが日本文

典の近代化をなすのである、また、なさなければならない、と
いった気概である。この気概は、それぞれに差はあれ、大槻文彦
が『言海』にかけた気概・使命感と基本的に同種のものである。
文典の近代化は国家の近代化へと繋がっていく。まさに、そう
いった気概であり使命感である。さらに、松下は、国家の近代化
には教育の近代化が不可欠であることを十分認識していた。松下
が、試作としての文典を「遠江文典」という方言文典から始め、
本格的な文法研究を『日本俗語文典』から始めたといったことか
らも、このことを窺い知ることができる。

5.3.3.2　松下の文法体系

（1）その組織立て

松下文法の特色は、全体が緊密な一つの体系を成しているとこ
ろにある。松下は、まず、思念が思想を構成する過程を考察し、
これを［観念→断定］の二過程として設定し、そして、それと
関連させることによって、言語に［原辞→詞→断句］の三段階
を設定する。「原辞」「詞」は、観念に対応し、それを言語化した
ものであり、「断句」（一般に言う文のこと）は、断定に対応し、それ
を言語化したものである。こういった行き方を取る背景には、
「言語の三段階を論ずるには思想の構成の過程を考察する必要が
有る。」（『改撰』）といった考え方がある。言語を考察するにあたっ
て、観念や判断といった現象を重視し、論理学や心理学的配慮を
文法記述に加えるのは、松下に限らず、山田においても同様であ
る。

松下は、音声や文字の研究は文法の範囲に属さないとし（大槻
の『広日本文典』が、音声や文字のことを文典に含んでいたのに

対して、この措置は山田同様近代的である)、その極限を文に置き(これも山田と同様)、文法研究の領域を次のように組織立てている。

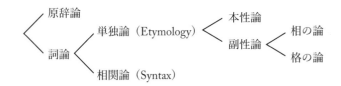

詞論を Etymology と Syntax に二分するのは、西洋の伝統文法が自らを Accidence と Syntax に分けるのに基本的に同じである('Etymology' は、いわゆる品詞論を指す古い用語)。言い換えれば、詞論は、詞の本来の性能とその相互関係を考察するもので、通常の品詞論と構文論にほぼ重なる。

(2)原辞

原辞は、詞の材料であり、概略、構造言語学で言う形態素に当たる。原辞論は、「原辞の詞中に於ける文法的法則を論ずるもの」(『改撰』)として規定されており、形態素論および語構成論である。原辞の性質と下位的タイプを説き、単独で詞を構成する完辞(たとえば、「山、高山、最も」など)と、単独では詞を構成することのできない不完辞(たとえば、「なり、を、御、めく、高」など)を分ける。また、原辞の結合についても記述している。

(3)詞

松下文法の中心は詞にある。松下文法における詞のあり方が分からなければ松下文法は分からない、と言っても、言い過ぎではなかろう。詞は原辞と断句を結び付ける中核的存在である。詞とは、「断句の成分であつて、自己だけの力で概念を表すもの」(『改

撰』）といったものであり、したがって、いわゆる助詞や助動詞は含まない。「本」「書く」が詞であるとともに、「本を」「書かせる」「書かせれば」のように不完辞である助辞の付いたものも、また一詞なのである。「断句の成分」であるという規定から分かるように、詞は、文構成の具体的機能を具有する存在である。詞は、ほぼ西洋文法の parts of speech に当たり、また、橋本進吉の「文節」なる概念に近い（橋本自身、『国語法要説』において、松下の「単詞」が自らの文節に当たるとしている）。さらに、奥田靖雄や鈴木重幸の単語観や形態論は、この松下の「詞」観に近いものである。

　詞の本性論では、詞固有の性能（詞の本性）が論ぜられ、詞の本性によって詞を分類して、品詞を抽出している。品詞には、「名詞」「動詞（いわゆる形容詞・形容動詞も動詞の一部）」「副体詞（たとえば、「或る人、此の山、昨十日」など）」「副詞」「感動詞」の５種が存する。「本性に基いて生じる第二の性能…。場合に因つて違う性能」（『改撰』）が詞の副性であり、詞の副性を取り扱う副性論は、相の論と格の論とに分けられる。特記すべきは、相の論・格の論の区別、設定である。文中における立場を同じくするものの類に見られる異なりといった系列的な性能を対象にするのが相の論であり、文中における立場の違いといった統合的な性能を対象にするのが格の論である。相の論と格の論は、L. Hjelmselev の Paradigmatic と Syntagmatic との関係、M.A.K. Halliday の System と Structure との関係を彷彿とさせ、それらを遥かに先駆している。相としては、名詞については、尊称や特提態（「人のみ、仮名すら、我が身さえ」など）を取り出し、動詞については、使動（させる）、被動（される）や肯定否定や、既然態（し

ている、してある）、完全動（してしまう）、現在態、完了態、過
去態などといった、今で言うテンス・アスペクトなどが取り扱わ
れている。不十分な点は存するものの、文法カテゴリ的取り扱い
がなされていることには、大いに注目してよい。

（4）断句

断句は、文のことで、「断定を表す一続きの言語」（『改撰』）とし
て説明される。断句の内容をなす断定は、「事柄に対する主観の
観念的了解」（『改撰』）と規定され、了解のあり方に応じて、「思惟
性断定」と「直観性断定」に分けられている。そして、思惟性断
定は「思惟断句」を、直観性断定が「直観断句」を形成するこ
とになる。さらに、思惟断句は、題目の有無によって、「有題的
思惟断句」（「今夜は十五夜だ」など）と「無題的思惟断句」（「花が
咲いている」など）に分かれる。有題や無題の論は、佐久間鼎や
三尾砂や三上章などに影響を与えることになる。また、直観断句
は、「概念的直観断句」（「君よ」など）と「主観的直観断句」（「否」
など）に分かたれる。松下の思惟断句と直観断句への類別のあり
方と、山田の述体の句と喚体の句の別との間に類似性を見ること
は、さほど無理なことではない。これは、山田や松下が同じよう
な所（当時のヨーロッパの論理学や心理学）から、自らの文法学構
築のための養分を得ていたことを物語っている。ただ、それぞれ
に力点の置き方が違っていた。句の成立のあり方に力点を置いた
のが山田であり、断句の担っている内容のあり方の類的異なりに
力点置いたのが松下である。また、思惟断句・直観断句は、時枝
の述語格の文・独立格の文にも近似している。

断句も、一種の詞であるとすることによって詞論の対象とな
り、断句論なるものは存しない。しかも、詞の相関論（Syntax）の

対象でもない。詞の単独論たる本性論において、ある種の詞の性質として論じるべきものである、としている。断句たる詞の特性として独立性と絶対性を挙げるが、これでは、本来的に要素として措定された詞に対して、構築物といったレベルの異なる断句（いわゆる文）の独自性を捉えるには、十分でない。

　『改撰標準日本文法』では、『日本俗語文典』に見られた国家の言語としての国語の研究といった意識は押さえられ、研究としての科学性を前面に押し出したものになっている。松下は、「文法学は科学である」（『改撰』）と明言し、しかもいかなる場合にも応用できる普遍性を持った「抽象的科学」であるとして、「科学とは…理論的知識の多数が体系的に統一された一団」（『改撰』）であると説明する。この科学観・学問観は、現今でも通用する優れたものである。これには、松下の個人的資質も大いに関係していようが、『日本俗語文典』の刊行された明治 34 年から『改撰標準日本文法』の出た昭和 3 年にかけての、学的環境の成熟や日本の近代国家としての成長が、少なからず関わっていよう（ただ、日本の近代国家としての成長は、また反面で学問の帝国主義的利用を準備することになったことを否定できない）。松下の文法研究は、構想雄大な極めて理論的・体系的なものである。独創的な理論的研究のさほど多くない我が国の学問風土にあって、松下の文法研究は、その意味で特筆すべきであろう。このように、文法分析・文法記述における幾多の優れた点を有しながらも、松下文法に、従来、さほど反論や止揚といった発展・継承の試みが行われなかったことは、松下文法にとっても、日本の文法研究の発展にとっても、一つの不幸であった。

5.3.4　橋本進吉の国語学

5.3.4.1　上田万年から橋本進吉へ

　橋本進吉は、日本の言語学・国語学の発展の歴史において、一つの時代を切り開き創設したところの、まさに一つの巨星であり、現代国語学の師である。今なお、日本の日本語研究（史的研究を中心にして）は、その長短をも含めて、橋本進吉の国語学研究に負うところが多い。したがって、その影響には、極めて大きいものがあると言わなければならない。実質的な日本の言語学・国語学は、橋本進吉から始まったと言っても、決して言い過ぎではないだろう。

　それに対して、上田万年は、西洋の近代言語学—比較言語学・歴史言語学—を日本に移植した功績において、日本における近代的な言語学・国語学の創始者という名を獲得してはいるものの、自らの手で具体的な言語学・国語学をさほど作ることはなかった。日本の近代言語学・国語学の第一世代たる上田万年にとっては、個々の実証的な研究に傾注するよりは、近代的な言語学・国語学を、この日本に根づかせることが、まずもって何よりの責務であったのであろう。

　多彩で啓蒙的であった上田万年の日本語研究に対して、橋本進吉のそれは、極めて実証性に富み、学究的であり、研究室的であり、派手さを押さえたものであった。公刊されたものからすれば、橋本は決して多作ではなかった。その多作でない一作一作が、強固な実証的基盤に裏打ちされた、実証的言語学・国語学の見事なモデルを成している。国語政策や国語教育についての発言を極力慎み（もっとも、橋本が国語教育等に全く関わりを持たなかったというわけではない。『新文典』を著し、その『別記』を

も書いているし、また、岩波の『講座国語教育』の求めに応じて、「国語学と国語教育」といった一篇を物してもいるが、この一篇も、国語学を語ることによって、国語教育に益するところを資す、という押さえた姿勢のものである。また、時局に抗し切れず、国語政策的臭いの強い座談会に参加したこともあるが、やはり押さえた姿勢をなるたけ保ったものである）、言語学・国語学へのイデーそのものを語るということも、めったになかったであろう。橋本の言語学や国語学に対するイデーは、実証的な作業の中に塗り込められて在ると言えよう。橋本は、このようにして、ぜい肉を削ぎ落とすことによって、国語学の自立を成し遂げた。

　多彩・啓蒙的な上田国語学から、実証・学究的な橋本国語学への移行は、まさに、日本における言語学・国語学の展開における草創期から定着期への発展である。第一世代としては、上田のような啓蒙的で多彩な人物を要求したであろうし、第二世代として、橋本のような堅実・学究的な国語学を得たことは、健全な国語学の発展にとって喜ぶべきことであった。

5.3.4.2　橋本進吉の音韻（音声）史研究

　橋本進吉は、何よりもまず国語史家であり、その国語学の業績の主要な部分が、音韻（音声）の研究ならびにその史的変遷の解明にあることは、つとに人の知るところである。音韻（音声）の研究ならびにその史的変遷の解明への営みが、橋本国語学総体そのものを特徴づけ規定しているところの、橋本国語学の根底を貫く一すじの流れであり、また、橋本国語学を日本の言語学・国語学の発展の中に位置づけるものである。音韻（音声）の研究が、橋本の国語学を規定しているという一事は、橋本の文法研究においても

変わりはない。橋本の文法論を特徴づけるところの「文節」なる概念が、既に、橋本の音韻(音声)研究を抜きにしては考えられないものなのである。橋本の音韻(音声)研究の新しさは、当時既にヨーロッパではかなりの程度に精密化していた音声学の知識を活用したところにあり(昭和2年度の講義「国語音声史の研究」参照)、何よりも史的観点からの研究であった、といったところにある。

史的観点からの音声研究であるということは、橋本の研究が、まさに近代西洋言語学—比較・歴史言語学—の洗礼を受けたものであることを意味している。まさに、その点においても、橋本は上田の良き後継者なのである。こういったことは、橋本がH.パウルの『言語史原理』にいたく感銘を受けた一事によっても、容易に推察することができよう。

音韻(音声)の史的考察が研究の中核をなすといったことが、橋本国語学を、ほとんど同世代であり(もっとも、山田の方が7歳ほど上ではあるが)、近代日本の国語学の歴史において、橋本に勝るとも劣らない業績を残した山田孝雄の国語学から分かつ重要な要素なのである。山田にも、橋本と同様に文字や仮名遣いについての業績が存する。文字や仮名遣いへの考察が音韻(音声)への考察に結びつくところに、橋本国語学の特徴がある。

今まで、音韻(音声)というふうに、用語を常に二つながらに使ってきたことには、それなりの意味がある。まさに、この「音声→音韻」の発展が、近代言語学の発展を象徴するものであり、また、橋本国語学においても観察されるところの発展なのである。橋本は、昭和2年度「国語音声史の研究」、昭和7年度「国語音声史」、昭和17年度後半「国語音韻史の研究」といふうに、

音韻（音声）史の講義を三度、昭和12年度には「国語音韻論」といった講義を一度行っている。前者三度の講義は、学生のノートが『国語音韻史』と名づけられて、一書に収録されている。昭和2年度の講義は、「同一音」といった概念を、個々の具体的な音声を発する時の指導者たる抽象的な心的観念として把握してはいるものの、体系としての音韻組織への考察と「音価」といったレベルでの「音実質」への考察が混在しながら存在している、といったものであった。それに対して、昭和17年度後半の講義では、「…我々のあたまの中に存するそれぞれの音の観念を音韻と称し、その時その時に発して現実に耳に聞こえる音を音声と名づけて、これを区別する。」（『国語音韻史』）のように、「音韻」と「音声」の別が説かれている。さらに体系としての音韻の捉え方がより明確に示され、また、「言語の音である以上はいつも意味を伴ふものであり、違つた音は違つた意味を示すのが原則である。」（『国語音韻史』）と、音韻の示差的機能への認識を明確に示している。

　昭和2年度の講義には、比較・歴史言語学によって修業を積んだ橋本進吉が色濃く顔を覗かせ、昭和17年度の講義には、ソシュールの洗礼を受けた橋本進吉がいる。比較・歴史言語学で言うところの「音韻法則」は、音価といったレベルで一定程度音実質が問題になるところに成立するものであった。橋本が東京帝国大学を卒業した明治39（1906）年から、昭和17（1942）年までの間には、F.d.Saussure の *Cours de linguistique Générale* (1916) が出版され、プラーグ学派が誕生し、小林英夫によるソシュールの『一般言語学講義』の邦訳（最初、昭和3（1928）年、『言語学原論』という名で岡書院から）が刊行され、有坂秀世『音韻論』（昭和15

(1940))が出版されている。その間、トルベッコイの論文の邦訳も出ている。

橋本進吉における内的発展は、まさに、世界の言語学の発展に対応するものであった。橋本は、生堅な形で新しい理論に飛びつくというのではなく、自らの実証的研究を深化させることによって、世界の言語学の発展を追体験していったのである。その意味で、橋本は、文献操作という実証の憂き身をやつしながらも、常に現代的な言語学者であったのである。

5.3.4.3 橋本進吉の文法研究

山田孝雄の文法記述がどちらかと言えば意義を重視したものであったのに対して、橋本進吉のそれは外形に重きを置くものである。これには、既に触れたように、橋本が何よりもまず音韻史の研究家であったことが深く関わり合っている。文法に関わる橋本の代表的な著述としては『国語法要説』(昭和9(1934))があり、講義録として『国文法体系論』(昭和34(1959))が公刊されている。

橋本文法の中核は、「文節」になる用語・概念にある。文節は、「文を実際の言語として出来るだけ多く句切った最短い一句切」(『国語法要説』)と規定されている。こういった文節への音声的側面からの定義も、橋本文法の外形主義を物語る一つである。単語は、単独で文節を構成しうる「詞」と単独で文節を構成しえない「辞」との二類に大きく分けられる。

また、橋本は、切れ続きを重視し、文節を切れる文節と続く文節とに分けている。詞についても、(1)種々の断続を自らの形で示すもの、(2)断続を示さないもの、(3)続くもの、(4)切れるも

の、の四類に分けている。(1)が用言、(2)が体言、(3)が副用言、(4)が感動詞である。切れ続きといった線条性を職能として重視するところにも、橋本の外形主義の一つの表れがある。

　文は、音の連続・前後における音の断止・文末の特殊な音調、および、思想のまとまった完い表現として規定される。前者は文の形式規定であり、形式規定を持つところに橋本文法の特色と功績が認められる。また、文の構成は、アメリカ構造言語学のIC（直接構成素）分析に通じるところの「連文節」といった概念で分析されることになる。たとえば、「春が来ることは誰にとっても喜びだ。」といった文について、橋本は、

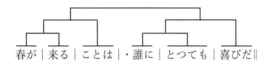

春が｜来る｜ことは｜・誰に｜とつても｜喜びだ‖

（『国文法体系論』）

のような、分析図を提示している。

5.3.5　時枝誠記の日本語研究

5.3.5.1　近代日本の言語研究史における時枝誠記の位置

　「言語過程説」という独特の言語理論で自らの日本語研究を遂行しようとした者に、時枝誠記がいる。時枝の代表的な著作には、『国語学史』（昭和15(1940)）や『国語学原論』（昭和16(1941)）や『日本文法口語篇』（昭和25(1950)）などがある。以下、時枝の近代日本の言語研究史における位置を瞥見しておく。

　日本における近代的な言語学や日本語研究の講義・研究の出

発点は、明治 19（1986）年、東京帝国大学に博言学科が設置されたところに始まる。当時、近代的とは取りも直さず西洋的であるといったことを意味していた。博言学科の初代教師が英人 B.H. チェンバレンであったことは、そのことを象徴的に物語っている。既に触れたように、チェンバレンに教えを受け、ヨーロッパの比較・歴史言語学を持ち帰り、日本に近代言語学を根づかせたのは、上田万年であった。したがって、明治・大正・昭和初期の言語学（国語学）が、比較・歴史言語学、特に歴史言語学を主流に発展してきたのも、当然のことであろう。

　時枝誠記が東大に在学していた大正 11（1922）〜 14 年は、上田が教授であり、そして、国語研究室の助手として橋本進吉がいた。歴史言語学を主流に置いた、この上田→橋本といった言語研究の歩みが、日本における正統的（官学的）な言語研究の歩みである。その意味で、日本における近代言語学（国語学）の歩みも、他の諸科学と同様、まず西洋の科学を移入し、それを消化・吸収することにあった。日本語研究の西洋言語学化が日本の言語学（国語学）のまぎれもない進歩である、と暗黙のうちに考えられていたのである。そういった言語学（国語学）の流れの中にあって、時枝誠記の言語過程説は、異質の存在である。橋本が西洋の近代言語学を肯定的共感的に受け取っていたのに対して、時枝は、日本語研究の近代西洋言語学化を否定的に受け取ることになる。近代西洋言語学の否定の上に立って、新しい国語学——日本語にとっての、日本語からの言語学——といったものの確立を目指して行われたのが、時枝の言語の本質についての探求であり、彼の日本語研究である。時枝の言語過程説は、明治以来の国語学の近代西洋言語学化に対する一つの反動であった。時枝は、外国の学問の

移入、それの消化・吸収に努めるといった風潮の強い我が国の学問世界の中にあって、自ら独自の理論・学説を打ち立てたという意味において、特記すべき学者である。時枝の言語過程説は、(学説の妥当性は別として)日本人による日本人独自の言語学の確立であったと言えよう。

しかしながら、彼の言語過程説は、解釈や表現のため、あるいはそれに付随する言語研究といった言語研究の幼年期から、自らを、比較・歴史言語学として定立することによって既に言語研究を自立させていた、19世紀西洋言語学の真の克服にも止揚にもなりえなかった。時枝の言語観は、自らも語っているように、言語を表現や解釈において捉えることにおいて、言語研究が言語研究として自立する以前に(古典)解釈や(作歌)表現の中において行われた頃の伝統に由来するものである(それだけでなく、現象学やデルタイの解釈学などからの影響も指摘はされている)。時枝が、自らの言語研究を国語学史の研究から出発させたことは、このことを象徴的に示している。

5.3.5.2　言語過程説

しからば、そういった時枝の言語観、いわゆる「言語過程説」が一体いかなるものであったのかを見ておくことが、当然必要になる。時枝は、言語も絵画・音楽・舞踏等と等しく人間の表現・理解活動であるとし、

（一）言語は、人間の表現行為そのものであり、また、理解行為そのものである。この考へ方は、表現理解の行為とは別に、或はそれ以前に、表現理解において使用される資材とし

ての言語(ソシュールのいわゆる「ラング」)が存在するといふ考へ方を否定するものである。あるものは、ただ、素材を、音声或は文字を媒体として、可感覚的に外部に表現し、或は、音声、文字によつて、ある思想を理解する作用だけであるとするのである。…。

(二)言語が、表現理解の行為であるといふことは、言語は、常に表現主体或は理解主体、一般的に云つて、言語主体(言語を成立させる人間)を、不可欠の条件として成立するものであることを意味する。…。言語過程説の最も著しい特色は、一切の言語事実を、言語主体の意識、活動、技術に還元して説明しようとするところにある。

[(三)は省略]

(四)言語の行為主体が個人であるといふことは、言語学の対象は、特定個人の特定言語行為以外にあり得ないことを意味する。…。

(『国語学原論続篇』)

と述べ、『国語学原論』で展開した言語過程説を要約的に説明している。以上の引用からも分かるように、時枝にとって、言語は行為そのものである。言語を行為の一形態として、「こと」的側面において捉えることにおいて、言語における人間の果たす役割を強調したのが、時枝の言語観である。言語における人間の位置を強調することによって、時枝は、言語研究に新たな領域を拡大することになる。言語における伝達の問題、言語の機能の問題、言語と社会の問題、言語と文学の問題などである。これらは、明治以来の国語学では問題にならなかった、あるいは焦点の当たらなかった領域である。その意味で、時枝の言語過程説は、言語研

究の領域を拡大したということにおいて評価されよう。

　しかしながら、時枝のこういった言語観は、資材としての言語を認めないことによって、その学説の妥当性において、多大の問題を有することになる。資材としての言語――「もの」的側面としての言語――を認めなければ、時枝の言う行為としての言語そのものが成立しないだろう。不成功に終わることがあるにしても、言語による伝達が成り立つためには、言語が相手に理解されるだけの客観性・社会性を有していなければならない。言語の有している客観的・社会的なる側面を、一種の比喩として捉えたのが、資材としての言語・ラングに外ならない。時枝の言語観は、言語研究における人間復権を唱えているなど魅力的な部分を有するものの、資材としての言語といった側面を否定しているため、時枝自身、そういった魅力的な領域への研究の現実的な方途を獲得するに至っていない。時枝の言語過程説の発生の契機の一部には、既に述べたように、近代西洋言語学への反動がある。比較・歴史言語学が、その原子主義・その複雑さゆえ、既に19世紀末期にはある種の危機と停滞期を迎えていたのは、これまた事実である。時枝の言語過程説は、そういった危機の真の克服にはなりえなかった。19世紀を真に克服・止揚しようとしたのが、外ならぬ、時枝が仮想敵手していたソシュールなのである。

5.3.5.3　時枝誠記の文法研究

　言語を言語主体の行為として捉える時枝の言語観は、当然、時枝の文法研究にも反映することになる。語・文・文章といった文法単位の認定にも、品詞分類のあり方にも、それは明確に現れている。山田、松下、橋本などと違って、文章も、時枝にとっては

文法上の単位なのである。

（1）詞と辞

時枝の言語過程説の文法研究への最も重要な表れは、「詞」と「辞」といった語分類にある。詞は、事物や事柄の客体的概念的表現、主体に対立する客体化の表現であり、常に辞と結合して具体的な思想の表現を形成するとし、辞は、概念過程を含まない表現、表現される事柄に対する話し手の立場の直接表現であり、必ず詞の表現が予想され、詞との結合によって具体的な思想の表現となるとしている。詞には、体言・用言・副詞・連体詞があり、辞には助詞・助動詞・接続詞・感動詞がある。『手爾葉大概抄』や鈴木朖の『言語四種論』などの伝統的な語分類に繋がるものである。詞と辞は、時枝にあっては、截然と分かたれる語の二類であって、語であって、詞か辞のいずれかでないものはないし、また、詞か辞のいずれか一方以上のものであるものもない、ということになる。ここに、いわゆる「詞辞非連続説」なるものが生まれる。既に、「詞辞連続説」の立場から、この時枝の詞辞非連続説に対しては批判が多出している。事実、こういった観点での品詞分類には無理が伴う。時枝の規定からすれば、副詞は詞と辞に分裂してしまうだろうし、格助詞と感動助詞では、ともに助詞でありながら、表現性がかなり違う。

（2）句と文

文は、質的統一体として、語とは異なった単位である。文の有している語とは異なった性質として、(1)具体的な思想の表現であること、(2)統一性があること、(3)完結性があること、といった三種が挙げられている。文であることの要件の一つである「具体的な思想の表現」とは、時枝にとっては、客体界と主体界の結

合によって成立するとされる。[客体＋主体] といった結合は、[[詞] 辞] のように、辞が詞を包むことによって形成される。この詞を辞が包み込んだ存在が、時枝の言う「句」である。そして、文の組み立ては、句の入子型方式による分析によって示される。たとば、「梅の花が咲いた。」は、

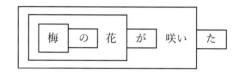

のように、分析される。

　そして、文の成立の決め手を、辞の総括作用によって与えられる統一性を有する表現が、完結性を持つ辞を取ることに置いている。文の成立・構造における言語主体の関与する側面の存在を明確に指摘した功績は、看過するこのできないものの、無理な零記号の辞を設定しなければならないことや、この入子型方式に合わない文が少なくないことなどを考えれば、時枝の文の分析には問題点があると言わざるをえない。

　しかし、言語過程説は、文法研究としていろいろ問題を持っているにしても、独自の言語理論として言語研究の領域を拡大したということにおいてやはり特記すべきであろう。

5.3.6 「誰それ」文法以後

山田孝雄・松下大三郎・橋本進吉・時枝誠記などの文法研究(の成果)は、それぞれ山田文法・松下文法・橋本文法・時枝文法と呼ばれることが少なくない(さらに大槻文彦の大槻文法が加わることもある)。また、この時期を指して大文法時代と呼ばれるこ

ともある。

　ある人間の文法研究が、個人名を冠して「誰それ文法」と通称されることは、時枝の研究以後ほとんどなくなる。これは、彼らが、精粗の差はあれ、とにもかくにも日本語の文法体系全体を自らの研究の中に捉え示そうとしたことにある。ただ、これは、彼らの研究が優れていたというよりは（当然そういう側面もあろうが）、研究の進展段階が、まだ個人の力で研究領域全体を概括的であれ見渡せる、というレベルにあった、ということによるところが大きいだろう。いろいろなことが分かってくれば、その分かってきたことを踏まえ含みながら（言い換えれば、理論的枠組みだけでなく、文法事象・文法現象への記述をも含みながら）、同程度のきめの細かさで研究領域全体を明るみに出すことは、個人一人の力・研究では、至難の業となってくる。戦後の文法研究は、そのような段階に達しつつあった。これ以後、個別的な文法現象・文法特徴などをめぐっての、よりきめの細かい研究が増えていく。

　第二次大戦敗戦後、日本語に対しても民主化が求められるようになる。国語審議会による「現代かなづかい」「当用漢字表」の採択などがそれである。

　昭和23（1948）年、国立国語研究所（国語研と略）が設立された。研究所が遂行すべき調査研究・事業の一つとして、国語政策の立案上の参考資料が挙げられている。そして研究組織の中に書き言葉研究室のみならず話し言葉研究室が置かれた。文法研究の世界では、以前に比して現代語についての研究が徐々に増えていくことになる。国語研から刊行された『話しことばの文型（1）・（2）』（昭和35（1960）・昭和38（1963））などは、その傾向の現れであろ

う。国語研をはじめ、文法研究者の中に現代語研究者が増えて
いった。

5.3.6.1　陳述論の流れ

『改選標準日本文法』に結実する松下の研究は、先駆的で優れ
たものであるが、用語の難解さもあって、後世に大きく引き継が
れることはなかった。時枝の研究も、彼の死後急速にその影響力
を失っていった。橋本の研究は、学校文法にあっては今なお大き
な影響力を持つものの、研究の世界ではそれほどではない。それ
に対して、山田の研究は、その後の文法研究において、いくつか
の側面で大きな影響を残すことになる。

　山田孝雄の提出した「陳述」といった用語・概念は、いかに文
は成立するのか・文とは何か、などへの問いかけを、その中核に
含むものであった。山田以後の日本の文法研究は、文成立の問題
に一つの焦点が当たり、その解明に向けて多大の力を注ぐことに
なる。この陳述といった用語・概念をめぐって、三宅武郎、三尾
砂、時枝誠記、金田一春彦、渡辺実、芳賀綏などによって、盛ん
に論議が展開されることになる。ここに、「日本文法学派」と呼
んでよいような、日本語文法研究史の一つのメイン・ストリーム
が出来ることになる。

　山田の陳述が、基本的には、文ではなく句（clause）しかも述体
の句を成立させる働きを文法機能として捉え、その所在を用言に
限ったのに対して、三宅武郎は、『音声口語法』（昭和9（1934））
でそれを改変することになる。三宅の陳述論の特徴は、(1)陳述
を、山田の言う句のレベルではなく、文のレベルで働き文を成立
させるものとして捉えたこと、(2)陳述の所在を、用言の語尾や

イントネーションにまで拡大したことにある。イントネーション
の果たす文法機能を明確にしたのは、三宅の功績である。

　時枝の陳述といった用語は、山田のそれの用法に比べて、はる
かに広範なものになってしまっている。広狭両用の使われ方をさ
れている。終助詞にすら陳述を認めない使われ方もあれば、判断
的陳述・推量的陳述といった命題態度的なものから、聞き手めあ
て的なもの、さらに装定的陳述(「春の雨」)、連体・連用的陳述と
いった構文的機能とほぼ等価になってしまう用法すら存在する。
これは、時枝が、言語過程説で辞に与えている概念規定から来て
いるものである。このように、時枝の陳述は混濁を有するもので
あるが、文成立における言語主体の関与を明確に取り挙げたとこ
ろに、時枝の功績があろう。

　渡辺実は、『国語構文論』(昭和46(1971))において自らの節
(clause)成立論・文成立論を展開している。「叙述」という用語
で、節の内容たる叙述内容の成立を説明し、「陳述」という用語
で、文を成立させるための素材的要素に対する言語主体の関係構
成的職能を捉えている。叙述と陳述との用語で、節的存在の成立
と文の成立の違いを、構文論的に説明しようと試みたところに渡
辺の功績が存する。

　陳述論というあり方ではないが、深いところで山田孝雄の影響
を受けた学者に森重敏や川端善明がいる。

　森重には『日本文法通論』(昭和39(1959))や『日本文法―主語
と述語―』(昭和40(1965))などがある。「話手と聞手とを結ぶもの
は意味」「言葉は所詮、意味であり意味であるほかないもの」と
述べ、概念としての語、判断としての文、推論として連文を定立

し、「文法上の文は、あくまで主語と述語との相関関係としてとらえるほかない」と述べる。そして「花！」のような一語文に対しては、「花」を主語とし、「花」を述語とする自同判断とする。

川端は、語に対する文の前提性、言語が現実化するとき文として現れる以外ないことを指摘し、文は判断に対応すること、判断はことがらの承認・何事かを知ることと捉え、さらに、知ることの構造は、知られるべきもの（対象）と知られるべきものが知られるためのもの（働き）との二項が分節され統合される、というものである、とする。つまり、判断の内部構造は二項的、したがって文の基本構造も二項的であるとし、その両者が川端の言う主語・述語である。「主語とは、判断にあって知ることの志向的な対象、一つのことがらの中核として在るところの対象に対応し」「述語とは、判断にあって知ることの働き、ものが在ることの在り方の部分に対応する」と述べている。さらに、形容詞文を判断の構造に直接的に対応する文と捉えている。また、川端には『活用の研究Ⅰ・Ⅱ』（昭和53(1978)・昭和54(1979)）がある。

5.3.6.2　題目「ハ」の研究

日本語文法の主要なテーマの一つに、上で触れた文成立論とともに、「ハ」に関する問題がある。明治以来、「象は鼻が長い。」に代表される「ハ―ガ構文」（総主構文）として、「ハ」と「ガ」の関係がしばしば問題になっていた。さらに言えば、本居宣長やそれ以前から「（係りの）てにをは」として、常に文法研究にあって関心を集めてきた。

日本語には、格助詞以外に、「ハ」や「モ」や「コソ」「サエ」など係助詞・副助詞（取り立て助詞）が存する。日本語では、単な

る主格や主語を超えた題目なる存在が形態的に分化していて、気づかれやすい。そのことが日本語文法研究にあって、題目や「ハ」についての研究を盛んにした一因であろう。

　佐久間鼎(かなえ)は、心理学者であるが、日本語研究にも優れた業績を残している。『現代日本語の表現と語法』(昭和 11 (1936)) や『現代日本語法の研究』(昭和 15 (1940)) などが代表的な著作である。佐久間も、松下同様、「ハ・モ」の題目形成の機能を重視し、これらを「提題の助詞」と名づけている。そして、他の存在から特に取り出したり、他の存在を不問に付したりして題目を提出する「ハ」を「特説の助詞」とし、他の同様の存在を含蓄的に暗示しながら題目を提出する「モ」を「共説の助詞」としている。また、題目を取る表現を判断の表現として性格づけている。また、「コ・ソ・ア・ド」に関する研究は、佐久間の代表的な研究である。

　三尾砂も、話し言葉の文法研究や文の研究に優れた業績を残している。『国語文章論』(昭和 23 (1948)) で提出された「判断文」「現象文」「未展開文」「分節文」は、場との関係における文の分類であるとともに、「ハ」の機能と関わり深い知見を提示している。

　さらに、三上章(あきら)は、『現代語法序説』(昭和 28 (1953)) や『象は鼻が長い』(昭和 35 (1960)) などで、「ハ」を中心に日本語の文法現象に対する鋭い分析・記述を行っている。そして、西洋語的な主語概念の日本語文法への持ち込みに反対し、日本語文における題述関係の重要性を強調している。

5.3.6.3　階層構造を取り出す

　1970 年代以後、現代日本語文法の研究者には、文の構造を階

層性をもって捉える、という考え方は、もはや彼らを取り巻く一つの空気のような存在になっていたのではないだろうか。文の階層構造観を明確に打ち出したのは、南不二夫である。南は国語研をスタートとする研究者である。南には『現代日本語の構造』(昭和49(1974))や『現代日本語文法の輪郭』(平成5(1993))がある。彼は、従属節・主節相互に対して、[A類(描叙段階) < B(判断段階) < C(提出段階) < D(表出段階)] という階層構造を取り出している。これは、たとえば「[[[[コーヒーを飲みながら A] 本を読んでいたので B]、チャイムが鳴ったが C]、出ていかなかった D]。」のような文における節相互間の階層性である。

　階層構造観には前史がある。南は、三上章や林四郎などからの影響を受けている。三上の [単式→複式(軟式→硬式)] という、中止形・仮定形・終止(自立)形の担う係る力・結ぶ力の違い——これはまた、文の成分を受け止める力の違いでもある——、の取り出しも、その一つである。林四郎も国語研をスタートとする研究者である。林には、『基本文型の研究』(昭和35(1960)) や『文の姿勢の研究』(昭和48(1973)) などがあり、文の生成過程、結果として文の層的構造について、[描叙段階→判断段階→表出段階→伝達段階] という階層的段階を提案している。さらに言えば、渡辺実の、助動詞の相互承接の取り出しも、階層構造観の前史を成している。日本語は「見 + られ + なかっ + た + だろう」のように、文法的意味の有標形式が形態化され順次文末に連なり現れる。そのことが、文の意味 - 統語構造の階層性を見えやすくさせている。

　さらに、北原保雄『日本語助動詞の研究』(昭和56(1981))は、渡辺の研究の影響を受けており、広い意味で階層構造観の流れに

ある、と位置づけられよう。

5.3.6.4　包括的な記述にむけて

　個別的な文法現象や文法特徴がきめ細かく分析・記述されるようになってきた。それを受け、きめ細かく包括的な文法分析・文法記述が目指されることになる。きめ細かく包括的な分析・記述のためには豊富な用例が必要になる。ただ、このことは個人一人の力では容易なことではない。きめの細かい研究として、たとえば、宮島達夫『動詞の意味・用法の記述的研究』や西尾寅弥『形容詞の意味・用法の記述的研究』(共に昭和 47 (1972))があげられる。いずれも国語研からの刊行である。ある意味、集団の仕事であると言えよう。

　同じ頃、単語の形態論的カテゴリを丹念に取り出しながら日本語文法を記述した鈴木重幸の『日本語文法・形態論』(昭和 47 (1972))が刊行されている。これは、奥田靖雄をリーダーとするグループ・言語学研究会の集団的な力を背景にした業績である。この学派の特徴は、豊富な実例に基づく分析・記述であり、その重要な主張の一つに、助動詞や助詞は単語以下の存在、という単語に対する捉え方がある。これは、ヨーロッパの伝統的な単語観に立ち、松下大三郎などを引き継ぐものである。このグループの業績として、アスペクトなど文法カテゴリ・文法的意味に対するきめ細かい分析・記述が挙げられよう。さらに、「ヲ格名詞＋動詞」や「ニ格名詞＋動詞」などの連語を扱った言語学研究会編『日本語文法・連語論(資料編)』(昭和 58 (1983))も、この学派の重要な業績の一つである。

　日本語非母語話者の日本語学習・研究が盛んに行われ始める。

言語（外国語）学習には、枠組みだけの文法分析・文法記述では
さほど役に立たない。日本語教育の隆盛に応じる形で現れたの
が寺村秀夫の『日本語のシンタクスと意味Ⅰ・Ⅱ・Ⅲ』（昭和 57
（1982）・昭和 59（1984）・平成 3（1991））である。これは、コトの
類型・ヴォイス・テンス・アスペクト・ムード・取り立てなど、
日本語の文法現象をきめ細かく分析・記述している。

　また、日本語記述文法研究会の編著という集団の手になる形
で、『現代日本語文法』（全 7 巻、平成 15（2003）〜平成 22（2010））
が刊行される。これはかなりの程度に詳しく包括的な参照文法
書・記述文法の書といったものである。

　言語学の世界では、1957 年にチョムスキー（N.Chomsky）が
Syntactic Structures を刊行し、変形生成文法が極めて重要な流れを
形成することになる。言語学の世界での動きに応じて、日本語研
究の世界でも変化が起こることになる。一つは、言語学者や他の
個別言語の研究者による日本語研究の増大であり、また一つは、
日本語を中心とした対照研究の拡大である。このような状況を受
けて、平成 12（2000）年、日本語文法学会が誕生する。この学会
の成果として『日本語文法事典』（平成 26（2014））がある。

　変形生成文法による日本語研究としては、変形生成文法
発展の歴史にも貢献した S.Y. Kuroda（黒田成幸）の *Generative
Grammatical Studies in the Japanese Language*（1965 成、1979 刊）が
ある。また、久野暲の『日本文法研究』（昭和 43（1973））は、体系
的ではないが、機能分析の視点をも含み、注目すべき論をいくつ
か残している。さらに、井上和子の『変形文法と日本語上・下』
（共に、昭和 51（1976））がある。

また、アメリカ構造言語学の影響を受けた研究に、森岡健二『日本文法体系論』(平成6(1994))がある。これは、日本語の形態素をかなりの程度に詳しく取り出し記述したものである。

6　外国人による日本語研究

　日本語研究史を構成するものの中心が、日本人の手になる研究であり、以下に触れる日本人以外によって成された研究が、ほとんど日本人の研究に影響を与えてこなかったにしても、日本語研究史の大要を粗々と描くこの研究史大概で、それらに全く触れないのは、やはり述べ残したところを有するものになろう。以下、外国人による日本語研究の流れを概観することにする。

　外国人、特に西洋人の日本語研究は、概略、(1)キリスト教布教のための南蛮系の研究、(2)通商のための鎖国期の和蘭系の研究、(3)開国期以後の英米を中心とした世界的規模の研究、といった流れを形成している。

6.1　南蛮系の研究

　西洋人の手になるもので、日本語についての記述を有する現存最古のものは、アルバレスの天草版『ラテン文典』(1594)として知られるものである。本書は、ラテン文典の組織に則り、ラテン語・ポルトガル語の名詞・動詞の語形変化を列挙し、それに日本語を対応させたに過ぎないものである。

　また、日本人の協力のもとにイエズス会宣教師たちの手によって成った『日葡辞書』*Vocabvlario da Lingoa de Iapam*(本篇は1603、補遺は1604刊)は、約32,290の日本語をローマ字綴りに

よりアルファベット順に配列し、ポルトガル語で語釈を施したものである。形式・内容ともに当時の日本語の辞書としては、群を抜いたものである。また、ローマ字表記であるために、当時の音韻の大体を知ることができ、室町時代語研究に欠かすことのできない資料である。さらに、本書には、スペイン語訳の『日西辞書』 *Vocabvlario de Iapón*（1630、マニラ刊）があり、パジェス（L.Pages）の仏訳になる『日仏辞書』 *Dictionnaire Japonais-Français*（1868，パリ刊）がある。

　天草版『ラテン文典』が刊行されてから、ほぼ10年、ロドリゲス（J. Rodriguez）の『日本文典』 *Arte da Lingoa de Iapam*（1604～1608）3巻が刊行されることになる。単語を分類して、「名詞」「代名詞」「動詞」「分詞」「後置詞」「副詞」「感動詞」「接続詞」「助辞」「格辞」の十品詞を設定している。格辞とは、名詞に連接す

『仏訳日本小文典』

ÉLÉMENS
DE LA
GRAMMAIRE JAPONAISE,
PAR LE P. RODRIGUEZ;

Traduite du Portugais sur le Manuscrit de la Bibliothèque du Roi, et soigneusement collationnée avec le Grammaire publiée par le même auteur à Nagasaki en 1604 ,

Par M. C. LANDRESSE,
MEMBRE DE LA SOCIÉTÉ ASIATIQUE.

Précédée d'une explication des Syllabaires japonais, et de deux planches contenant les signes de ces syllabaires,

Par M. ABEL-RÉMUSAT.

OUVRAGE PUBLIÉ PAR LA SOCIÉTÉ ASIATIQUE.

PARIS,
A LIBRAIRIE ORIENTALE DE DONDEY-DUPRÉ PÈRE ET FILS,
IMPRIM. DE LA SOCIÉTÉ ASIATIQUE, BACHELIER-PROPRIÉTAIRE DU JOURNAL ASIATIQUE,
Rues Saint-Louis, n° 46, au Marais,
Et rue de Richelieu, n° 67, vis-à-vis la Bibliothèque du Roi.
1825.

（架蔵）

る助辞を取り立てたものである。ロドリゲスのこの文典は、当時の内外の日本文法研究の集大成である。ラテン文法的立場と日本語の文法事実との融合・統一とでも言えよう。ラテン文法の枠組みで日本文法を見ているものの、決してそれだけに止どまることなく、ラテン文法の枠組みで捉えにくい現象に対しても、なるたけ記述しようと努めている。格辞や助辞の設定、日本語の形容詞を名詞に属させることなく、正しく形容動詞（verbo adjectiuo）としていることなども、その現れである。

　また、ロドリゲスには、1620 年マカオで刊行された『日本小文典』Arte Breve da Lingoa Iapoa がある。これは、『大文典』を簡約にしたものであるが、日本文法の体系化や文典としての組織の整備といった点では、『大文典』より優れた点が存する。また、『小文典』には、1825 年にパリで刊行されたランドレス（M. Landresse）による仏訳 Élémens de la Grammaire Japonaise がある。

　ロドリゲスの『日本小文典』が刊行されてから 10 年少し立った 1632 年、ローマでドミニコ会の宣教師コリャード（D.Collado）の手になる Ars Grammaticae Iaponicae Lingvae が刊行されることになる。これには、ラテン語で書かれた刊本のほかに、スペイン語稿本の存在が知られている。質量ともにロドリゲスの『日本大文典』に比べてかなり劣っている。ただ、日本語の音声についての記述は、簡にして要を得たものになっている。「名詞」「代名詞」「関係代名詞」「動詞」「副詞」「前置詞」「連結辞」「区分辞」「間投詞」といったものについて、屈折論的な観点から記述を行っている。前置詞という名前に拘わらず、挙げられているのは、「対して、に、で、から」などの名詞に後置して、格を付与するものである。連結辞・区分辞として挙げられているのは、「ペドロと

ジュアン」「或はペドロ或はジュアン」や「しかれば」「さりながら」などといった並立助詞や接続詞に当たるものである。

コリャードの『日本文典』が出てから百年少し立った1738年、スペイン語で書かれたフランシスコ派の宣教師オヤングレン（M. Oyanguren）の『日本文典』*Arte de la Lengua Japona* がメキシコで刊行された。この書は、先行の文献によって編まれたもので、ラテン文典に無理にあてはめようとした所や誤字・誤記による過誤が少なくない。

このオヤングレンの文典をもって、南蛮系の日本語研究は終わりを迎えることになる。

6.2　和蘭系の研究

鎖国令以後、日本は、オランダを通してのみ西洋に門戸を開き、西洋人はオランダに拠ってのみ日本と交渉を持つことになる。したがって、オランダ人のものであれ、ドイツ人のものであれ、この期のこの系統の研究を和蘭系と称して差し支えはないだろう。

ドイツ人医師シーボルト（P.F. von Siebold）が1828年バタビアで刊行したのが、ラテン語で書かれた『日本語要略』*Epitome Linguae Japonicae* である。これは、簡単な日本語の概説書でとりたてて言うほどのものではない。

次に出るのがオランダ語で書かれたドンケル・クルチウス（J.H. Donker Curtius）の『日本文典例証』*Proeve eener Japansche Spraakkunst* である。オランダに送られてきたドンケル・クルチウスの原稿を、ホフマンが増補・改訂して1857年ライデンで刊行したものである。「名詞」「冠詞」（ただし、これについては、

『日本文典例証』

（架蔵）

日本語には存しない、という記載があるのみ）、「形容詞」「数詞」「代名詞」「動詞」「副詞」「関係を表す接尾辞」「接続詞」「間投詞」といったものについての記述から成り立っている。

　クルチウスに改訂を施してから 10 年、ホフマン（J.J. Hoffman）は、名著の誉れ高い『日本文典』を刊行することになる。蘭版 *Japansche Spraakleer*（表紙の刊行年は 1868、内扉は 1867 年）、英版 *A Japanese Grammar*（1868）が、ライデンで刊行されている。これには、さらに英文再版本と独版本がある。緒論と品詞論から成り、独立の統語論を欠くが、全くないというわけではない。緒論で少し触れられている。品詞論は、「語の本質と語形変化」という副題からも分かるように、ヨーロッパ語で語形変化を表すものに対応する日本語の表現を広く観察している。しかし、それらを

無理にヨーロッパ流に語形変化として把握することはしていない。たとえば、名詞の格の形態を、対格を除いて、語尾変化としないで、後置詞・接尾辞としている。「名詞」「代名詞」「形容詞」「数詞」「副詞」「後置詞（関係を表す語とも）」「動詞」「接続詞」といった語類を設定している。また、形容詞の形態変化としては、連体語形・副詞形・述語形・名詞形といったものを設定している。さらに、副詞や接続詞に対しても、意義や機能の上から詳しい下位分類を行っている。これは、ロドリゲスやコリャードなどに比べて、優れた取り扱いである。ホフマンの文典は、当時における最も組織立った日本語文典であろう。

　和蘭系の研究は、ホフマンをもって終わり、以後は、英米を中心とした世界的規模の時代へと入っていく。

6.3　英米系の研究

　この時期になると、それ以前とは違って、外国人（の日本語研究）が日本人の日本語研究・言語研究に影響を与えるケースが出てくる。特に東京帝国大学で教壇に立ったチェンバレンがそうである。

　英米人最初の日本文典は、1861（文久 1）年に上海で刊行されたオルコック（R. Alcock）の『初学用日本文法要説』*Elements of Japanese Grammar, for the use of beginners* である。これは、初学者用の実用書で価値は高くない。

　それから 2 年経った 1863 年、同じく上海でブラウン（S.R. Brown）の『日本語会話』*Colloquial Japanese* が出る。本書は、実用的な会話書であるが、日本語文法序説と題した日本文法についての概説を付している。序説は簡潔にして要を得たものになって

いる。

　辞書では何と言っても、ヘボン (J.C. Hepburn) の『和英語林集成』*A Japanese and English Dictionary*（初版は 1867、再版は 1872、三版は 1886 年の刊行）である。和英の部では、約 20,800 弱の日本語について、ローマ字表記を見出しとし、片仮名と漢字の表記を添え、品詞を付し英文で語釈したものである。近代的な日本語辞書の先駆けとして特記すべきものである。また、再版本以後、序の部分に簡単な日本語文法概説が付されている。

　明治期の西洋人日本文法研究家の双璧は、何と言っても、アストン (W.G. Aston) とチェンバレン (B.H. Chamberlain) である。まず、アストンが 1869 年に『日本口語小文典』*A Short Grammar of the Japanese Spoken Language*（再版は 1871、三版は 1873 年の刊行）

『日本文語文典』

(架蔵)

を刊行することになる。四版は、大幅な増補改訂が行われ、1888年、『日本口語文典』*A Grammar of the Japanese Spoken Language* の名で刊行される。「名詞」「代名詞」「数詞」「動詞」「形容詞」「補助詞」「小辞」「副詞」「間投詞」といったものを設定している。補助詞とされているのは、「ある、おる、なる、する、事、物、所」などといった形式動詞や補語を必要とする不完全動詞や形式名詞で、注目を引く。

　また、アストンには、『日本文語文典』*A Grammar of the Japanese Written Language*（初版が 1872、再版が 1877、三版が 1904 年の刊行）がある。語を、(1) 不屈折主要語・(2) 屈折主要語・(3) 不屈折従属語・(4) 屈折従属語に分け、(1) が伝統文法での「名」、(2) が「詞（ことば）」、(3)(4) が「テニヲハ」であるとしている。江戸期の文法書が十分参考にされており、外国人のものとしては珍しく日本的なものになっている。

　続いて注目すべきは、チェンバレンの著作である。まず、1886 年に『簡約日本文典』*A Simplified Grammar of the Japanese Language* が刊行される。これは明治期の文語文の文法を記述したものである。翌年（明治 20 年）、文部省から日本語で書かれた『日本小文典』を刊行している。この『日本小文典』では、文法を単語法と文章法に分け、単語法では、品詞について述べ、働かざる辞として「実名詞」「代名詞」「副詞」「接続詞」「数詞」「間投詞」「関係詞（後置詞とも）」を、働き辞として「形容詞」「働詞」を設定している。関係詞とは助詞のことである。本書は刺激や反発などの大きな反響を呼んだ。その一つの現れとして、同年、谷千生の『ビー・エッチ、チャンブレン氏 日本小文典批評』が出る。続いて、1888(明治 22)年に著名な『日本口語文典』

『日本口語文典』

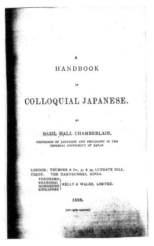

（架蔵）

A Handbook of Colloquial Japanese（再版が 1889、三版が 1898、四版が 1907）が刊行されることになる。本書は、理論篇と読本形式の実習篇から成る。実習篇は、明治期の口語資料としても興味深いものである。「名詞」「代名詞」「後置詞」「数詞」「形容詞」「動詞」「副詞」「間投詞」「接続詞」といった語類を設定し記述していくが、これは便宜上で、代名詞・数詞は名詞に過ぎず、形容詞も一種の中性動詞であり、後置的助辞は名詞や動詞の断片であるという姿勢を取っている。品詞論や統語論の随所に注意深い観察を覗かせている。たとえば、「は」「が」についても鋭い観察を示し、だれかの予期せぬ死に対しては、「林さんが死にました」といった言い方をし、林さんについて回復の見込みのない事がかなり以前から分かっている場合は、「林さんは死にました」と言う、といった趣旨のことを述べている。

さらに、近いところでは、アメリカの記述言語学者ブロック（B. Bloch）による日本語研究がある。これは『ブロック日本語論考』 *Bernard Bloch on Japanese* としてまとめられ、1969 年に刊行されている。また、S.E. Martin の *A Reference Grammar of Japanese*（1975）が挙げられる。さらに、西ドイツのヴェンク（G. Wenck）による『体系的日本語統語論』 *Systematische Syntax des Japanischen*（1974）なども存する。

　近年、外国人の日本語学習者・研究者の数が著しく増大してきている。日本語研究は、もはや、「国語学」といったあり方ではなく、「日本語学」といった一つの個別言語学として、日本の内外を問わず、相携えて、日本語の実相の解明を目指す時代に来ている。

参考文献

雨宮尚治編　1973　『亀田次郎先生の遺稿　西洋人の日本語研究』風間書房

尾崎知光　1983　『国語学史の基礎的研究』笠間書房

日下部重太郎　1933　『現代国語思潮』『同続編』中文館書店

竹岡正夫　1971　『富士谷成章の学説についての研究』風間書房

土井忠生　1971　『新版吉利支丹語学の研究』三省堂

時枝誠記　1940　『国語学史』岩波書店

仁田義雄　1981　「西洋人の書いた日本文法」『言語』10 巻 1 号　大修館書店

仁田義雄　1984　「係結について」『研究資料日本文法 5』明治書院

仁田義雄　2005　『ある近代日本文法研究史』和泉書院

福井久蔵編　1938 〜 1940　『国語学大系』厚生閣

福井久蔵　1953　『増訂日本文法史』風間書房

古田東朔・築島裕　1972　『国語学史』東京大学出版会

山田孝雄　1943　『国語学史』宝文館

Tosio Doi　1977　*The Study of Langage in Japan —A Historical Survey—*.　篠崎書林

第7章

日本語記述文法の研究対象としての自立化
——時代背景の中でその歩みを眺める——

1　はじめに

　本章は、1970年頃以後、現代日本語文法の記述的な研究が研究対象としての承認・市民権を得ていく歩みを、日本語研究の流れ、学問を取り巻く社会的な状況などの中に置いてみて、粗々と描いていくことを目的としている。1970年を一応の基準点として、それ以前の時期をも含めそれ以後の現代日本語文法の記述的な研究の歩みを追っていくのは、1970年が、仁田がほぼ研究を始めた時期だからである。本章は、広い意味で研究史の領域に属するものである。考察対象時期も、仁田の研究生活の時期とほぼ重なり、述べて行き方をも含め、その意味でも、極めて私的な研究史ということになろう。

　ちなみに、1970年は、第二次大戦終了後既に25年経った年であり、『国語学辞典』が国語学会の編纂物として刊行されてから15年経った時期でもある。

2 仁田の目に映った戦後の日本語文法研究

まず初めに、戦前の研究にも目配りしながら、仁田の目に興味深いものとして映った戦後の日本語文法研究の状況・歩みを、いくつかのグループに分けながら粗々と記しておく——仁田の目に映ったということは、仁田の見方で記しておくべきものとして捉えられたというに過ぎず、他の人間が描けば違ったものが選び取られる可能性がある、ということであり、その意味でも私的な史的展望である——。現代日本語文法に対する記述的研究は、これら先行研究での成果を基本的な栄養源としながら、このような研究状況の中で自覚化され遂行され、研究対象としての承認へと歩みを進めていった。

当時の国語（日本語）研究は、文献学的な史的研究や方言研究が中心であったと感じられた。文法研究においても、歴史的な文献がその対象に据えられることが多く、現代日本語の文法研究、ましてや文法現象への単なる分析・記述などは、研究以前の作業として位置づけられているような、漠然とした空気を、仁田などは感じさせられることがあった。

2.1 陳述論争

明治期以降の文法研究に対して、仁田は個人的には、『改選標準日本文法』(1928) に結実する松下大三郎の研究を最も先駆的で優れたものと見なしているが、伝統的な主流の文法研究は、助詞や副詞などの分類を含め、山田孝雄の文法研究に大きな影響を受けながら展開してきたと思われる。

［1］山田孝雄の多方面な成果からの影響（森重敏や川端善明の

研究もこの流れにあるが触れない）の中で、ここでは後にいわゆる陳述論争と呼ばれることもある研究の流れについて瞥見しておく。陳述論争とは、概略、山田の「統覚」「陳述」という概念から発し、文とは何か、文の成立をどのように捉え位置づけるのか、という問いかけの歴史である。まず、山田の「陳述」という概念への疑問や不備を指摘する論が現れる。三宅武郎『音声口語法』(1934)での指摘や三尾砂「文における陳述作用とは何ぞや」(1939)がそれである。

時枝誠記の論も、文とは何か・文の成立とは、という問いの歴史の中で一つの位置を占める。ただ、時枝の「陳述」は、山田と同じ「陳述」という用語を使いながら、基本的に山田とは関係なく、自らの言語過程説・詞辞の論の中で、表現論（言語主体論）的な文成立論を展開していくためのものである。時枝の論は、大きな影響を与えながらも、重大な批判を受けることになる。時枝への批判的な展開の論としては、大野晋「言語過程説に於ける詞・辞の分類について」(1950)、阪倉篤義『日本文法の話』(1952)での論、金田一春彦「不変化助動詞の本質」(1953)などがある。

［2］山田の「陳述」が文の成立に対して有していた不十分・不正確さに対する一つの解答を与えた論に、渡辺実「叙述と陳述―述語文節の構造―」(1953)がある。渡辺の研究は、山田を受け継ぎながらも時枝の洗礼を受けた研究である。渡辺実の研究は、時枝文法への大いなる共感と疑問から出発する。渡辺は、かつて「…私はやはり、時枝さんというのはいろんなことをいわれるけれども、「話し手」という言語主体を表面に引っぱり出してきた功績は非常に大きいと思うのです。」(『シンポジウム日本語2・日本語の文法』31頁)と、語っている。

渡辺は、その後、芳賀綏「"陳述"とは何もの?」(1954)での自らへの問題提起を受け、それを取り込んだうえで、文の成分の構文的職能への考察や「叙述」と「陳述」の別の設定などを行い、『国語構文論』(1971)を完成させる。仁田は、渡辺の研究を、陳述論争のある種の成就と終焉であると見なしていた。文や文の成立論に興味のあった仁田は、かつてこの流れを《日本文法学派》と呼び、日本語文法研究のメイン・ストリームと見なしたことがある(仁田「文法論争」(『日本語百科大事典』1988所収)での言及)。

2.2 現象重視・現象記述派

[1] ここでは、現象重視・現象記述派と仮称し、まず佐久間鼎の研究に触れておく。佐久間は、自らの研究姿勢を「事理相即」と称し、「…空中から大観して外側から鳥瞰図をとるといふ風な考へ方ではなくて、事実を掘下げていつていはば地層として連る一貫した脈絡を捉へるといふ方へ心が向いていく…」(『現代日本語法の研究』序2頁)と述べている。ただ、佐久間の活躍の中心は戦前にある。

文法現象を注意深く観察し、なるたけ先入観を廃し、実用にも耐える記述・説明の実現を目指した研究者に三上章がいる。佐久間は、三上が日本語文法研究を自らの課題にする契機を与えた存在でもある。三上は、「私の文法研究は佐久間先生の「日本語の特質」四十一年を偶然一読したことから始まった。全くの偶然で、もしこの偶然がなかったら、私の後半生が日本文法専攻というコオスを取るようなことはなかったかも知れない。」「私の願いは現代語の実用的なシンタクス一冊を書くことである。」(『現代語

法序説』1953、後記366・365頁）と述べている。三上章は、普遍性を持った土着主義者、アカデミズム（研究・教育をすることで食を得ている）の外に居た研究者である。主題重視（主語という用語の廃止）、単式（中止法）・複式［軟式（条件法）・硬式（終止法（＋接続助詞））］の提唱なども行っている。『象は鼻が長い—日本文法入門—』（1960）などは言語研究者以外にもよく読まれた書物。さらに、三上は寺村秀夫にも大きな影響を残している。また、三上の上記の本は仁田が日本語文法研究に向かう一つの契機でもあった。

　さらに、この系列に三尾砂を入れてもよいだろう。三尾には、『話言葉の文法 言葉遣篇』（1942）—改訂版『話しことばの文法』（1958）—、『国語法文章論』（1948）などがある。判断文・現象文といった文の類別を提唱している。

　［2］このグループの特徴は、国語（日本語）学を専門・専攻する人達ではなく、外部派とでも言える存在である。佐久間は心理学者、三尾は早稲田大学の哲学科出身で児童言語発達や心理学を学び、戦災孤児養育のための青葉学園の園長を務めた人間、三上は東京帝大工学部建築学科出身で、長年、高等学校の数学教諭であった。

2.3　国立国語研究所グループ

　戦後の現代日本語文法の研究において、国立国語研究所に集った研究者達の研究は言及に値するものである。国語研究所ということもあって、彼らの研究には、実際の資料・データに裏打ちされたしかも共同討議の結果によるものである、という特徴・強みが観察される。このグループには、林四郎や『話しことばの文型

(1)・(2)』(1960・1963)の作成・執筆に関わった者として宮地裕・南不二夫・鈴木重幸などがいる（彼らはそれぞれ後に研究所から大学などに移って活躍）。

　南不二男は、［A類（描叙段階）＜ B類（判断段階）＜ C類（提出段階）＜ D類（表出段階）］という節の階層理論を提唱する。南には、「複文」(1964)、「述語文の構造」(1964)、『現代日本語の構造』(1974)、『現代日本語文法の輪郭』(1993)などの業績がある。南は、三上章や林四郎などからの影響を受けている。林四郎には、『基本文型の研究』(1960)、『文の姿勢の研究』(1973)などがあり、文の生成過程、結果として文の層的構造について、［描叙段階→判断段階→表出段階→伝達段階］という階層的段階を提案している。

2.4　言語学研究会の学派的集団研究

　日本には学派的な結びつき・研究は珍しい。その例外として、奥田靖雄をリーダーとするグループが挙げられる。この学派の特徴は、豊富な実例に基づく分析・記述であり、重要な主張の一つに、助詞や助動詞は単語以下の存在、という単語の捉え方がある。奥田は、「単語は語彙的なものと文法的なものとの有機的な統一物である。」(『ことばの研究・序説』27頁)と述べている。このグループの業績として、文法カテゴリ・文法的意味の取り出し・重視、アスペクト、連語論、文論での研究成果が挙げられよう。鈴木重幸『日本語文法・形態論』(1972)や言語学研究会編『日本語文法・連語論（資料編）』(1983)は、この学派の重要な業績である。仁田は、大学教員になってこの学派の存在を本格的に認識、この学派への仁田の注目は彼の研究の歩みと同時期的、したがっ

て仁田への影響にも大きいものがあった。

3 仁田が研究を始めた頃の学界の趨勢

　ここでは、日本語の研究特に現代日本語文法の記述的研究を取り巻く当時の社会や学界の状況を粗々と見ておく。

3.1 当時の研究・教育機関の現状

　ある領域の学問の発展・継承さらに言えば学としての自立には、大学や研究機関の存在が前提になり、重要な役割を果たす。

　［1］**主要大学**：大学は、当該領域の研究者が教員として在職しており、自ら研究成果を発表していくとともに、学生を指導し後継者を養成する。研究領域の発展・展開には、大学が重要な役割を果たす。まずここでは、大学を取り上げ、1970年前後の教員状況のありようを概観する（ここでは、大学院を有し、研究者を養成することを一つの目的とする大学をいくつか取り上げた。選択は仁田の恣意的な判断）。それぞれ文学部・文学研究科の教員を中心に挙げておく。氏名の後の（　）はそれぞれの中心的研究領域。

　北海道大学には、五十嵐三郎（方言・古典）・西田直敏（敬語史）がいた。その後石塚晴通（訓点語）が着任。東北大学には、佐藤喜代治（語彙史・文章史）・加藤正信（方言）が在職。東京大学では、時枝誠記の後を受けて、松村明（江戸語・東京語、洋学資料）・築島裕（訓点語）がいた。東京教育大学（筑波大学）では、佐伯梅友（文法史）の定年後、中田祝夫（訓点語）・馬淵和夫（韻学史）・小松英雄（声調史・国語史）が在職。東京都立大学では、大久保忠利

（国語教育・現代語文法）が定年まぢかで、平山輝男（方言）・中本正智（方言）が在職、その後奥津敬一郎（現代語文法）が一時期在職。名古屋大学には、文学部には国語学の教員がいず、教養部に金岡孝（文章論）がいた。京都大学には、文学部に遠藤嘉基の後を受け、浜田敦（朝鮮資料）・安田章（中世語）が在職、教養部に阪倉篤義（語構成）・渡辺実（文法論）・川端善明（文法論）がいた。ちなみに、文法研究における京都派といった存在を指摘できよう。阪倉篤義・森重敏・渡辺実・川端善明らがそれで、彼等の研究は、文学研究の深い造詣を併せ持ちながらの文法研究という特徴がある。大阪大学には、池上禎造（文字・表記史、漢語）・宮地裕（現代語文法）がいた。広島大学では、土井忠生（キリシタン資料）の後、藤原与一（方言）・小林芳規（訓点語）が在職。九州大学には、春日和男（文法史）・奥村三雄（アクセント史）がいた。

　主だったいくつかの大学の在職教員状況からは、やはり国語（日本語）研究は史的研究や方言研究が中心であったことが分かる。

　[2]　**国立国語研究所**：研究所であることから来る、研究者の多さということもあり、現代語の文法研究においては、国語研究所は特別な位置を占めている。永野賢『現代語の助詞・助動詞』（1951）は、機能語の意味・用法という伝統的な問題を扱ったものであるが、用例を踏まえた分析・記述ということで貴重である。既に触れたが、大石初太郎・宮地裕・飯豊毅一・吉沢典男『話しことばの文型(1)』（1960）、大石初太郎・宮地裕・南不二男・鈴木重幸『話しことばの文型(2)』（1963）も、実際のデータに基づく貴重なもの。少し時代は下るが、宮島達夫『動詞の意味・用法の記述的研究』（1972）、西尾寅弥『形容詞の意味・用法の記述

的研究』(1972)、高橋太郎『現代日本語動詞のアスペクトとテンス』(1985) なども、大量の実例に基づく分析・記述である。大量の実例に基づいた研究であるということが、研究所という研究機関であるということから来る強みである。

3.2 出版状況

研究者は、研究成果を上げるとともに、それを公刊し、研究の交流・進展を目指す。後からその領域を志す研究者の卵にとっては、刊行された書物は栄養源である。その意味で出版状況は、研究者にとって自らの研究の環境である。

研究書については次に触れることにして、ここではいくぶん啓蒙的な講座物や雑誌について少し見ておく。講座物としては、[1]『日本文法講座』正編 6 巻 + 続編 4 巻 (1957 〜 1958) が挙げられる。これは講座物ではあるが、質の高いものという印象を持った。これには、「総論」「文法論と文法教育」「文法史」「解釈文法」「表現文法」「日本文法辞典」(以上正編)、「文法各論」「表記編」「文章編」「指導編」がある。[2] 次に、『口語文法講座』6 巻 (1964 〜 1965) を挙げておく。これは、「口語文法の展望」「各論研究編」「ゆれている文法」「読解と文法」「表現と文法」「用語解説編」という各巻構成になっている。引き続き雑誌を見ておく。『月刊文法』(1968 年創刊〜 1971 年休刊)が短期間ながら編集・出版された。この雑誌のサブタイトルは、「指導と研究のための国語セミナー」である。いずれも高等学校を中心とした国語教育の現場にかなりの軸足を置いたもの(雑誌および講座物 [2] はその感が強い)である。

4 1970年代前後の研究環境

　以下、現代日本語文法を記述的な姿勢で研究してきた一人である仁田の歩み・研究時期と重ね合わせながら、当時の研究環境・研究状況を瞥見しておく。

4.1　当時の研究状況

　［1］**日本における研究書**：研究者の卵・駆け出しの研究者にとって、先行の研究書は、自らの学識を深める源でもあり、克服すべき存在でもある。その意味で、1970年前後どのような研究書が刊行されていたのかを見ておく（やはり選択は仁田の恣意的なもの）。仁田には、森重敏『日本文法通論』(1964)、大久保忠利『日本文法陳述論』(1968)、永野賢『伝達論にもとづく日本語文法の研究』(1970)、渡辺実『国語構文論』(1971)、宮地裕『文論』(1971)、鈴木重幸『日本語文法・形態論』(1972) などが印象に残っている。『日本文法通論』は、当時の仁田には通読できなかった(今でも理解度に不安が残る)。ただ、『日本文法―主語と述語―』(1965) とともに、自分の立場とは極めて異なるが、仁田には興味深かった。『日本文法陳述論』は、総主論争・陳述論争を跡づけた書で、「文の成立」という卒業論文を書いた仁田には参考になった。『国語構文論』には、研究開始の極初期最も影響を受けた。『日本語文法・形態論』は、その後何度か読み返す書物になっていた。

　［2］**アメリカ言語学などからの影響**：アメリカ構造言語学では、形態論の研究に興味を引かれた。E.A.Nida の *Morphology* などを横目で眺めた。また、その影響もあり、後年『日本文法体

系論』(1994) としてまとめられる森岡健二の研究にも興味があった。N.Chomsky の変形生成文法からは、研究姿勢・精神として「明示性・包括性・首尾一貫性」を学んだように思う。仁田がより直接的に影響を受けたのは、C.J. Fillmore の研究であった。彼の "The case for case" (1968) や "Types of lexical information" (1968) や "The grammar of hitting and breaking" (1970) などを収録し、『格文法の原理』(1975) が翻訳出版されている。また、W.L. Chafe 1970 *Meaning and Structure of Language* (邦訳『意味と言語構造』1974) も興味深く読んだ。さらに、ヘルビヒ『近代言語学史』(邦訳 1973) も興味深かった (東ドイツの研究者の手になる書、文法理論を中心とした学史、結合価文法の実践者)。当時の日本の翻訳状況は、生成文法の本を中心とするといったもので、アメリカの言語学書にバイアスのかかった紹介、という印象を持った。

4.2 現代日本語文法の記述的研究を志した者として刺激を受けた状況

現代日本語文法の記述的研究を志していた仁田に、この種の研究の必要性を感じさせた状況が当時二つほどあった。[1] 留学生が増え、非母語話者に日本語 (日本語文法) を教える必要性・需要が高まったこと。[2] コンピュータによる日本語の言語解析・言語生成 (自然言語処理) が本格化しだしたこと。寺村秀夫『日本語のシンタクスと意味Ⅰ・Ⅱ・Ⅲ』(1982・1984・1991) は、日本語教育の現場から生まれた優れた現代日本語の文法書である。ちなみに仁田の最初の論文は、「係助詞・副助詞と格表示」という『日本語教育』16 号 (1972) に掲載されたもの。仁田には、研究当初から日本語能力を有さない者にも役立つ文法分析・文法記述への志向性があった。

上記の二状況・領域は、当該の文法分析・文法記述の出来・不出来を確かめる一つの応用領域だと思われた。文法論(枠組み)の構築に主眼を置くのではなく、文法分析・文法記述を重視する研究を後押ししてくれた思いを持った。また、仁田には、真に優れた理論は実用にも役立つ、という抜き難い思い(神話)があった。後年、仁田は、「実用的にも真に優れたものを作成するためには、優れた分析の方法や記述の枠組みが用意されていなければならない。また逆に、実用的に真に優れたものは、理論的にも貢献するところを有している。」(『現代日本語文法1〜7』2003〜2010への「はしがき」)と記している。

　従前の研究について、文とは、文の成立とは、といった文法の基本問題に対する深い思弁的な考察はあるものの、文の構造へのきめ細かい考察・記述、文の構成要素である語から文がどのように形成されるか、という規則の取り出しは極めて不十分、つまり、文法論はあるが、文法現象を分析・記述した文法記述は存しないあるいはまだまだ不十分と、当時仁田には感じられた。文法的で容認可能な日本語文の的確な作成・解釈には、従来の文法では十分な成果は期待できない、より包括的な記述文法書の作成と文法情報を十分含んだ辞書の作成を目指さねば、という思い・願いがあった。1970・80年代の仁田の仕事について、渡辺実は、「早くからLexico-Syntaxを唱えた仁田義雄(『語彙論的統語論』昭和五五、明治書院)は、むしろ陳述論が職能という抽象的な方向へ歩んだことへの軌道修正から出発したと言ってよかろうが、…」(1995、「文法(理論)」『国語学の五十年』102頁)と捉えている。

5 仁田の研究を後押ししてくれた環境・条件

1970年代後半から、自らの研究を行っていくうえで、さらにいえば現代日本語文法の記述的研究が進められていくうえで、それを後押ししてくれているように（主観的にではあろうが）、仁田に思われた状況について、いくつか挙げていく。

［1］**学びの場**：研究者は、いろいろな人々（の研究）と交わり情報を交換し、刺激を受け合いながら成長していく。それは、またその研究者にとっての学びの場である。出身大学・学会・研究サークル・人との個人的なつながりがそれである。仁田の場合、1980年4月に始められた「土曜ことばの会」がその重要な一つであった。この私的研究会から、「日本語文法談話会」が生まれ、「日本語文法学会（2000年設立）」へと成長していった。仁田の研究の持続は、同行者の存在（益岡隆志）や同種の方向性を有していると感じられた同世代（村木新次郎）、理解者・励ましを得た存在（渡辺実・寺村秀夫）、さらに、共に学び合う、あとからやって来た多くの学友によって支えられていた。英語学などの外国語学の研究者による日本語文法研究の増加も、一つの刺激になった。

1979年、渡辺実の提案により京都大学の渡辺研究室で若手の研究者が集まって自らの研究を話す、という会が行われた。仁田も尾上圭介も参加。この会は1年続き、引き続き他の多くの研究者を加え、1980年から1982年の3ヶ年科研費を得て、副用語の研究を行った。結果は『副用語の研究』（1983）として刊行。この集まりは、楽しく、研究者の輪の広がりを感じるものであった。

［2］**市販専門誌の刊行**：研究者にとって、学会誌は自らの研究成果を発表する重要な場である。それとともに、市販の専門誌も

自分の研究成果・考えを多くの人に知ってもらう場であった。仁田が研究者として歩み始めた頃、『月刊言語』(1972 年 4 月創刊〜2009 年 12 月休刊)があり、『日本語学』(1982 年 11 月創刊)が少し経って誕生した。年 1 回程度であるが、『国文学解釈と鑑賞』(これも今は休刊)も日本語研究を特集した。市販専門誌は、発表する場を提供・拡大してくれた。

[3] **関連学会の誕生**：既に見たように、非母語話者への日本語教育は、包括的できめ細かく記述的な文法研究の必要性を感じさせてくれた。非母語話者の日本語学習者そして彼等への日本語教育の需要の広がりが、1962 年「外国人のための日本語教育学会」(後の日本語教育学会)を誕生させることになる。日本語教育学会の誕生は、現代日本語文法の記述的研究を後押ししてくれることになった。

[4] **行政・大学**：日本語教育の広がりは、間接的に現代日本語文法の記述的研究の遂行を後押ししてくれることになった。以下、日本語教育およびそれに携わる人達の育成を計る施策の主だったものを、いくつか年表風に挙げておく。

1954 年　「国費外国人留学生招致制度」発足

1954 年　東京外国語大学・大阪外国語大学で 1 年制の留学生別科設置

1955 年　国際基督教大学に日本語専攻課程設置［同大学での日本語教育プログラム開始は 1953 年］

1962 年　早稲田大学語学教育研究所開設

1968 年　東京外国語大学特設日本語科(4 年制)設置

1974 年　国立国語研究所に日本語教育部設置［76 年日本語

教育部、日本語教育センターへ]
1976年　天理大学・日本語教員養成課程設置

非母語話者への日本語教育の需要が高まり、日本語教育に従事する人間が増えることになった。日本語教育従事者・日本語教育の研究者を養成するために、大学にその種の学問領域を教育・研究する部門が誕生することになる。その結果、現代語文法を研究対象とする研究者も、大学のその種の学科や専攻での教育に必要とされることが増えた。就職口が増えることにつながった。

　[5]**社会情勢**：大学が日本語教育部門の学科や専攻を設けるようになったのは、日本語教育の需要の高まりが直接の要因であるにしても、それだけが理由ではない。非母語話者の日本語学習者が増えるようになったのは、そもそも日本の経済が発展し、日本への留学生が増加したことによる。また、大学・学部・学科が増えていった背景には、団塊の世代などに代表される大学進学学齢人口の増加がある。その意味で、人口増加を含め日本の経済状況の発展が、当然と言えば当然であるが、現代日本語文法の記述的研究の進展にも影響を与えている。

　また、日本語を研究する研究者人口が増加した。その傍証として日本語（国語）学会会員数を示せば、おおよそ1975年は1560人、1985年は2050人、1995年は2120人、2005年は2200人のように増加していった。ちなみに、2016年にはほぼ1660人に減少。研究人口の増加は、各研究領域での研究者の増加につながる。それに応じて、現代日本語文法の研究者も増えていった。

　[6]**振り返ってみて**：現代日本語文法の研究をしていた仁田が研究者として幸運にも生き延びられたのは、大学という研究・教

育機関に就職できたことが大きな要因である。1975年、仁田は大阪外国語大学留学生別科に就職し、寺村秀夫と中級の構文を担当するとともに、教養科目の国語学をも持つ。1978年京都教育大学国文学科に転出、そして、大阪大学文学研究科現代日本語学講座での教え子を中心に30名を越す仲間との共同作業により、『現代日本語文法』(全7巻、2003〜2010)を編集・刊行することになる。

　仁田が研究を始めた頃は、自分たちが使っている現代日本語の文法のような、分かっていると思われるものを分析・記述することが、学問・学的営みになるのか、という疑念がまだあった時代である。そして、その後、そのような営みが学問・学的営みとして許され認められるようになっていった時代であった。この間の歩みは、現代日本語記述文法の学としての承認のためへの努力・歩みであった。

参考文献

国語学会編　1995　『国語学の五十年』(武蔵野書院)
仁田義雄　1983　「研究グループ自己紹介土曜ことばの会」『日本語学』2巻2号
仁田義雄　2012　『日本語文法の歩みに導かれ』第7・8章(くろしお出版)

あとがき

　私の研究対象・興味の対象の中心は、現代日本語の文法分析・記述である。それを語彙論的・意味論的な側面にも十分配慮しながら行うことである。また、研究史については、本格的な研究を始めた当初から興味の対象であった。さらに1990年代半ばから言語問題・国語問題が気になりはじめた。資料を集め、文献を購入してきた。今では、一番よく読む本が言語問題関連のものであるかもしれない。いくつか論文も書いた。

　大阪大学を定年退職したとき、言語問題の小さな本と明治期の群小文法書にも十分光を当てた近代日本語文法研究史を書きたいと思った。しかしいずれも未だ叶っていない、否もはや無理であろう。本書は、今まで発表した言語問題関連の論文と、書き置いてあった文法研究史の概説とを一書にしたものである。

　以下、参考のため本書の各章の元になった論考を記しておく。

　第1章は、「言語的不平等と言語的抑圧」『日本学報20周年記念特集号』(1996、大阪大学文学部日本学研究室)に、一部文言の訂正を施したもの。

　第2章は、「「国語」を考える」『江戸の思想』2号(1995、ぺりかん社)に、補注と一部文言修正を加えたもの。

　第3章は、「上田万年と国(民)語の創出」『日本語を考える』所収(2000、ナカニシヤ出版)に、一部文言修正を加えたもの。

　第4章は、「小林英夫と時枝誠記─言語問題への言説をめぐって

一」『日本語・日本文化研究』8号（1998、大阪外国語大学日本語講座）に、一部文言修正を加えたもの。

　第5章は、「自民党文教（制度）調査会と国語施策」『日本語の教育から研究へ』（2006、くろしお出版）の元原稿に、一部文言修正を加えたもの。出版されたものは、論集収録での分量に係る要請により、本章に比していくつもの点で省略がある。

　第6章は、未発表である。ただ、このたび書き下ろしたものではない。25年ほど前に書かれたもの。日本語学・日本語教育に関わる講座物の第1巻の1章として用意されていたものである。出版社がなくなったため、そのままになっていたものである。私の担当は、日本語学史の部分であった。他に、日本語学の総論的な章、言語学史、日本語教育の歴史の章があったと記憶している。ワープロ時代に作成したものをPCのワード用に変換して残してあったものに、手を加えたものが本章である。今回、明治以降の部分に加筆、特に「時枝誠記の日本語研究」以後「外国人による日本語研究」以前の部分にかなりの増補を行った。概説的なものではあるが、それなりに私の捉え方・切り取り方で眺めた・描いたものになっている。

　第7章は、「日本語記述文法の研究対象としての自立化への歩み—時代背景の中で—」『日本語／日本語教育研究』11号（2020、ココ出版）に、表題を少し変更し、一部文言修正を加えたもの。これは、日本語学会2019年度秋季大会でのシンポジウム「社会変動の中の日本語研究—学の樹立と展開—」のパネリストとして話したことに基づいている。

　2019年3月、関西外国語大学を退職した。体力はこのところますます落ちてきたが、自由な時間は増えた。まだあと少し頑張

りたい。自分の文法書を書きたい。自分の枠組みで体系的な文法書を書きたい。今その準備と努力をしている。書き上げることができれば幸せ、できなくとも書き上げるための作業の中で生を終えられれば、それはそれで幸せ。

　弱い弱いと言われながら、よくここまで来られたものだと思う。仕事を続けられたことに感謝している。ここまで私を私の仕事を支えて下さった方々全てに感謝の思いを表したい。

2021 年 7 月

　　　　　　　　　　　　　朝顔の咲きはじめた大阪にて
　　　　　　　　　　　　　仁田義雄

書名索引

事項索引

著者紹介

仁田義雄（にった　よしお）
大阪大学名誉教授　文学博士
1946 年大阪府茨木市生まれ
1975 年東北大学大学院文学研究科博士課程単位取得退学
主要著書に、『語彙論的統語論』（明治書院、1980）
『日本語のモダリティと人称』（ひつじ書房、1991）
『副詞的表現の諸相』（くろしお出版、2002）
『ある近代日本文法研究史』（和泉書院、2005）
『仁田義雄日本語文法著作選』（ひつじ書房、2009 〜 2010）

国語問題と日本語文法研究史

Language Policy and History of Studies in Japanese Grammar
Nitta Yoshio

発行	2021年12月10日　初版1刷
定価	2800円＋税
著者	©仁田義雄
発行者	松本功
装丁者	株式会社 アサヒ・エディグラフィ（木村悟）
組版所	株式会社 ディ・トランスポート
印刷・製本所	株式会社 シナノ
発行所	株式会社 ひつじ書房
	〒112-0011 東京都文京区千石2-1-2 大和ビル2F
	Tel.03-5319-4916　Fax.03-5319-4917
	郵便振替 00120-8-142852
	toiawase@hituzi.co.jp　https://www.hituzi.co.jp/

ISBN978-4-8234-1114-4

刊行のご案内

仁田義雄日本語文法著作選

第1巻　日本語の文法カテゴリをめぐって

定価　5,200円＋税

第2巻　日本語のモダリティとその周辺

定価　4,800円＋税

第3巻　語彙論的統語論の観点から

定価　4,800円＋税

第1巻　日本語文法の記述的研究を求めて

定価　4,800円＋税